Sinfonía de Sabores Tailandeses
Descubre la Magia de la Cocina de Tailandia

Javier Sánchez

Indice

entrada	8
Rollitos de primavera de cangrejo	10
papas fritas tailandesas	12
Tofu frito con salsas	17
Tom Yum	19
Sopa de pollo y limón	21
Sopa tailandesa de fideos con carne picante	24
Sopa fría de mango	26
Ensalada ardiente con ternera	28
Ensalada picante de camarones	31
Ensalada de pepino agridulce	33
Ensalada picante de melón	35
La carne es agria y picante	37
Carne frita con menta	39
Cerdo con ajo y pimienta negra	41
carne de canela	43
Pollo al jengibre	45
pollo albahaca	47
Pollo con pimienta negra y ajo	49
Pollo con chile de coco	51
Filetes de lima y jengibre	53
Mariscos fritos	58
Vieiras con albahaca	59

papas fritas vegetarianas	60
Califlor al horno	63
Okra frita tailandesa	64
Guisantes fritos y brotes de soja	66
Pad tailandés	68
Pasta en la sartén	71
Fideos vegetales con sésamo	73
Pasta de harina y lima	75
Arroz pegajoso básico	80
Arroz frito del Lejano Oriente	82
Arroz con jengibre	84
tonto manga	88
helado de sandia	90
Té helado tailandés fácil	92
palitos de zanahoria asiática	93
guacamole al estilo tailandés	95
Ensalada de pollo tailandés	97
Ensalada de patatas y nueces	99
Hamburguesas del Sudeste Asiático	101
Pollo cocido sazonado	103
Cinco verduras especiadas	105
batatas peninsulares	108
pollo en miel	110
Sirope de frutas con jerez	112
Carne crujiente con salsa de curry	114
Curry de ternera a la parrilla	115
Carne de res salteada al curry	116
Carne De Res Con Ajo	117
carne de jengibre	118

Carne roja cocinada con jengibre. 120
Carne De Res Con Judías Verdes 121
carne caliente 122
Stracetti picante con ternera 124
Ternera con tirabeques 126
Carne guisada marinada 127
Carne de res y champiñones fritos 129
carne marinada 130
Carne guisada con champiñones 131
Carne frita con fideos 133
Carne de res con fideos de arroz 135
Carne De Res Con Cebolla 136
Carne de res y guisantes 137
Carne de res crujiente con cebolla frita 138
Ternera con piel de naranja seca 140
Ternera con salsa de ostras 141
carne a la pimienta 142
filete de pimiento 143
Ternera con pimientos 144
Tiras de ternera fritas con pimientos verdes 146
Ternera con encurtidos chinos 147
Filete con patatas 148
Carne Roja Cocida 149
carne sabrosa 150
Suelo 152
Carne molida al estilo familiar 153
Carne picada sazonada 154
Carne de res marinada con espinacas 155
Carne de frijoles negros con cebolletas 158

Ternera frita con cebolleta	159
Ternera y cebolleta con salsa de pescado	160
carne de res al vapor	161
Estofado de res	162
gulash de caldo	164
Carne frita	166
tiras de bistec	167
Carne de res al vapor con batatas	169
Filete de ternera	170
tostada de ternera	171
Tofu de carne molida	172
Ternera con tomate	173
Carne Roja Hervida Con Nabo	175
Carne De Res Con Verduras	176
Estofado de res	177
filete relleno	179
bolas de carne	181
Albóndigas crujientes	182
Carne picada con anacardos	184
Carne de res en salsa roja	185
Albóndigas de ternera con arroz pegajoso	187
Albóndigas con salsa agridulce	188
Budín de carne al vapor	190
Carne picada al vapor	192
Carne molida frita con salsa de ostras	193
Rollo De Carne	194
Albóndigas de ternera y espinacas	195
Carne frita con tofu	196
Cordero con espárragos	197

Cordero a la parrilla	199
Cordero con judías verdes	200
cordero guisado	202
Cordero con brócoli	204
Cordero con castañas de agua	206
Cordero con repollo	207
Chow mein de cordero	210
Curry de Cordero	212
cordero fragante	214
Dados de cordero a la parrilla	216

entrada

La armonía es la clave cuando se trata de la cocina tailandesa. Un equilibrio de sabores dulce, salado, ácido, amargo y picante es esencial no sólo en la mayoría de los platos, sino también en el contexto de la cocina tailandesa en general. Los agentes aromatizantes clave que se encuentran en la cocina tailandesa incluyen el coco, la lima, el chile, el ajo, el jengibre, el cilantro y el pescado seco (para hacer salsa de pescado). Estos ingredientes son tan básicos como la sal y la pimienta en la cocina occidental.

Todos estos productos son originarios del continente asiático, con una notable excepción: los chiles, que los portugueses introdujeron en Asia en el siglo XVI después de "descubrirlos" en el Nuevo Mundo. Esta es quizás una de las influencias más profundas de la cocina tailandesa, ya que la cocina tailandesa moderna es casi imposible de imaginar sin el picante de los chiles. Sin embargo, no fueron sólo los portugueses quienes tuvieron una influencia significativa en la cocina tailandesa tal como la conocemos hoy. Los chinos introdujeron el concepto de freír, los indios introdujeron el curry y los indonesios introdujeron numerosas especias.

Rica en pescado, verduras, frutas y arroz, y baja en carne y lácteos, la cocina tailandesa es justo lo que recetó el médico. Estos alimentos son ricos en carotenoides, flavonoides y vitaminas antioxidantes, que se sabe que reducen el riesgo de cáncer. De hecho, los tailandeses tienen la tasa más baja de cáncer gastrointestinal de todas las personas.

Hemos recopilado 50 de las mejores y más sabrosas recetas que puedes probar en tu cocina. ¿Quién dijo que hay que ir a Tailandia o incluso a un restaurante tailandés para disfrutar de una comida deliciosa?

Rollitos de primavera de cangrejo

Precalienta tu wok: ¡está hecho para platos como este! Considere agregar otra capa de sabor agregando medio kilo de camarones rebanados y picados a la mezcla.

Para 15 rollos

ingredientes

1 libra de carne de cangrejo, recortada para quitarle la cáscara y desmenuzada

1 cucharada de mayonesa

¼– ½ cucharadita de piel de lima rallada

15 x Wraps de rollitos de primavera o wraps de huevo

2 yemas de huevo, ligeramente batidas

Aceite de colza para freír

15 hojas pequeñas y delicadas de lechuga Boston

Hojas de menta

Hojas de perejil

1. En un tazón pequeño, mezcle la carne de cangrejo con la mayonesa y la ralladura de lima.

2. Coloque 1 cucharada de mezcla de carne de cangrejo en el centro de 1 envoltorio de rollito de primavera. Dobla un extremo puntiagudo del envoltorio sobre la carne de cangrejo y luego dobla el extremo opuesto sobre el extremo doblado. Unte un poco de yema de huevo encima del envoltorio expuesto, luego doble el extremo inferior sobre la carne de cangrejo y enróllelo para formar un envoltorio apretado; aparte. Repita este paso con la carne de cangrejo restante y los envoltorios.

3. Calienta el aceite a 365 grados en una sartén o freidora. Fríe de 3 a 4 panecillos cada uno durante unos 2 minutos, hasta que estén dorados; escurrir sobre toallas de papel.

4. Antes de servir, envuelva cada rollito de primavera en papel de aluminio con un trozo de lechuga y una pizca de menta y perejil. Sirve con tu salsa favorita.

papas fritas tailandesas

Su mercado asiático local debería abastecerse de ingredientes como la raíz de taro y la harina de arroz glutinoso (también conocida como harina de arroz glutinoso o harina de arroz dulce). Este último también está ampliamente disponible en Internet.

Servicios 4-8

ingredientes

2 batatas medianas

4 plátanos verdes

1 libra de raíz de taro

1 taza de harina de arroz

1 taza de harina de arroz glutinoso

Cascada

1 cucharadita de pimienta negra

1 cucharadita de sal

2 cucharadas de azúcar

3 cucharadas de sésamo negro

1 bolsa de 14 onzas de coco rallado endulzado

1. Pele los tubérculos y córtelos en tiras planas de 1/3 de pulgada de grosor, aproximadamente 3 pulgadas de largo y 1 pulgada de ancho.

2. En un tazón grande, mezcle la harina y agregue 1/2 taza de agua. Continúe agregando agua 1/4 de taza a la vez hasta obtener una mezcla que se parezca a la masa para panqueques. Mezclar el resto de los ingredientes.

3. Llene una cacerola mediana entre un tercio y la mitad de su capacidad con aceite vegetal. Calienta el aceite a fuego alto hasta que esté muy caliente pero sin humear.

4. Agrega algunas verduras a la masa y cúbrela bien. Con una espumadera o un colador asiático, coloque las verduras en el aceite caliente. (Tenga cuidado porque el aceite puede salpicar). Freír las verduras, volteándolas de vez en cuando, hasta que estén doradas. Transfiera las verduras fritas a una pila de toallas de papel para escurrirlas y sirva inmediatamente.

wonton fritos

Cuando los rollitos de primavera más ligeros no son suficientes, ¡elija estos deliciosos wontons! Sea creativo con el relleno; reemplace el pollo con carne de cerdo o agregue repollo rallado para obtener una versión vegetariana.

Rinde unos 25 wonton

ingredientes

1 diente de ajo, picado

2 cucharadas de cilantro picado

1 cucharada de salsa de soja

1/2 un vaso de champiñones blancos picados

Exprimir pimienta blanca

1/2 libra de carne de cerdo molida

25 pieles de wonton

Aceite vegetal para freír

1. En un tazón mediano, mezcla bien el ajo, el cilantro, la salsa de soya, los champiñones, la pimienta blanca y la carne de cerdo molida.

2. Para preparar los wonton, coloque aproximadamente 1/2 cucharadita del relleno en el centro de la piel del wonton. Dobla el wonton de esquina a esquina, formando un triángulo. Presione los bordes para sellar. Repita con las cortezas restantes y el relleno.

3. Agregue alrededor de 2 a 3 pulgadas de aceite vegetal a la freidora o al wok. Calienta el aceite a fuego medio hasta que alcance unos 350 grados. Agrega con cuidado los wontons, dos o tres a la vez. Freírlos hasta que estén dorados, dándoles vuelta constantemente. Cuando esté listo, transfiera los wonton cocidos escurridos a toallas de papel.

4. Sirva los wontons con salsa agridulce o cualquier otra salsa.

Tofu frito con salsas

El tofu se presenta en varias texturas: sedoso, firme y extrafirme. Para obtener los mejores y más saludables resultados, elija tofu extrafirme sin OGM, escúrralo y exprímalo entre toallas de papel o paños de cocina limpios, luego córtelo en cubos y sumérjalo en el aceite preparado.

Servicios 2-4

ingredientes

1 paquete de tofu, cortado en cubos

Aceite vegetal para freír

Salsas para mojar de tu elección

1. Agregue alrededor de 2 a 3 pulgadas de aceite vegetal a la freidora o al wok. Calienta el aceite a fuego medio hasta que alcance unos 350 grados. Agrega con cuidado algunos trozos de tofu, tratando de no abarrotarlos; freír hasta que estén doradas, revolviendo constantemente. Transfiera el tofu frito a toallas de papel para escurrirlo a medida que se cocina cada lote.

2. Sirva el tofu con cualquier salsa, por ejemplo, agridulce, de nueces o de menta.

Tom Yum

Un alimento básico de la cocina tailandesa, la hierba de limón fresca y fragante se vende en manojos de tres a cinco piezas, de aproximadamente un pie de largo. También se pueden encontrar variedades listas para comer en la sección de congeladores de los mercados asiáticos.

Servicios 4-6

ingredientes

4-5 vasos de agua

3 chalotes, finamente picados

2 tallos de limón, machacados y cortados en gajos de 1 pulgada

2 cucharadas de salsa de pescado

2 cucharadas de jengibre fresco, picado

20 camarones medianos, pelados pero con cola

1 lata de champiñones con pajita, escurridos

2-3 cucharaditas de hojas de lima kaffir picadas o ralladura de lima

3 cucharadas de jugo de lima

2-3 chiles tailandeses, sin semillas y picados

1. Vierta agua en una olla mediana con sopa. Agregue chalota, limoncillo, salsa de pescado y jengibre. Llevar a ebullición, reducir el fuego y cocinar a fuego lento durante 3 minutos.

2. Agrega los camarones y los champiñones y fríe hasta que los camarones se pongan rosados. Mezcla la ralladura de lima, el jugo de lima y el pimentón.

3. Cubrir y retirar del fuego. Antes de servir, reserve la sopa durante 5 a 10 minutos.

Sopa de pollo y limón

Con solo 40 minutos de preparación y cocción, cruje y disfruta de esta sopa ligeramente dulce y ligeramente picante llena de ingredientes clásicos tailandeses.

Servicios 4-6

ingredientes

½ un vaso de rodajas de limón, incluida la piel

3 cucharadas de salsa de pescado

1 ½ cucharaditas de pimientos frescos, sin semillas y picados

2 cebollas verdes, cortadas en rodajas finas

11/2 cucharaditas de azúcar

1/2 taza de leche de coco

2 tazas de caldo de pollo

3 cucharaditas de limón, pelado y picado

1 taza de champiñones paja

1 cucharada de jengibre fresco, picado

1 pechuga de pollo entera, deshuesada y sin piel, cocida y picada

1. Combine las rodajas de limón, la salsa de pescado, el pimiento rojo, la cebolla verde y el azúcar en un tazón de vidrio pequeño; aparte.

2. En una olla, combine la leche de coco, el caldo de pollo, el limón, los champiñones y el jengibre. Llevar a ebullición, reducir el fuego y cocinar a fuego lento durante 20-25 minutos. Agrega la mezcla de pollo y limón; sobrecalentar

3. Antes de servir, vierta en tazones calientes.

Sopa tailandesa de fideos con carne picante

Al abastecer tu despensa con especias y alimentos básicos tailandeses como salsa de pescado, salsa de chile, jengibre y fideos de arroz, puedes preparar esta elegante sopa siempre que tengas sobras de carne en el refrigerador.

Servicios 4-6

ingredientes

8 tazas de caldo de res

1 anís entero, picado

1 rama de canela (2 pulgadas).

2 piezas (1/4 de pulgada) de raíz de jengibre pelada

8 onzas de fideos de arroz remojados en agua caliente durante 10 minutos, escurridos y enjuagados con agua fría

1 tallo de limón, quitar las hojas exteriores duras, triturar y picar el corazón interior

3/4 taza de carne asada sobrante, picada o desmenuzada

1/4 un vaso de salsa de pescado

1 cucharada de salsa de chile y ajo preparada

2 ½ cucharadas de jugo de lima

3-4 cucharaditas (o al gusto) de sal

Pimienta negra recién molida al gusto

1. En una olla mediana, cocine a fuego lento el caldo de res, el anís estrellado, la ramita de canela y el jengibre durante 30 a 40 minutos.

2. Cuela el caldo y regresa a la sartén.

3. Agrega la pasta, el limón, la carne picada, la salsa de pescado, la salsa picante y el ajo. Lleva la sopa a ebullición a fuego medio. Reduzca el fuego y cocine a fuego lento durante 5 minutos. Mezcla el jugo de lima, la sal y la pimienta.

Sopa fría de mango

Para reducir aún más el dulzor y darle un toque picante a esta sopa picante, omita el azúcar y agregue un poco de pimienta de cayena y hojuelas de pimiento rojo.

Servicios 2-4

ingredientes

2 mangos grandes, pelados, sin semillas y cortados en trozos

1/2 taza de caldo de pollo o de verduras frío

1 taza de yogur natural

1 cucharadita de azúcar (opcional)

1 cucharada de jerez seco

Sal y pimienta blanca al gusto

1. Coloque todos los ingredientes en una licuadora o procesador de alimentos y mezcle hasta que quede suave. Ajustar los condimentos.

2. Esta sopa se puede servir inmediatamente o guardar en el refrigerador hasta que se necesite. Si guarda la sopa en el refrigerador, déjela a temperatura ambiente

durante unos 10 minutos antes de servir para aliviar el frío.

Ensalada ardiente con ternera

Sirva como una abundante ensalada de antipasto o reduzca el tamaño de la porción y sirva como plato principal sabroso. De cualquier manera, ¡querrás llevar aderezo adicional para tenerlo a mano!

Servicios 2-4

ingredientes

Para el condimento:

1/4 taza de hojas de albahaca

2 cucharadas de chile serrano picado

2 dientes de ajo

2 cucharadas de azúcar moreno

2 cucharadas de salsa de pescado

1/4 una cucharadita de pimienta negra

1/4 un vaso de jugo de limon

Para la ensalada:

1 libra de filete de res

Sal y pimienta para probar

1 tallo de limón, quitar y desechar las hojas exteriores, cortar el tallo interior en rodajas finas

1 cebolla morada pequeña, en rodajas finas

1 pepino pequeño, cortado en rodajas finas

1 tomate, finamente picado

$1/2$ una taza de hojas de menta

Hojas de lechuga bibb o romana

1. Combine todos los ingredientes de la salsa en una licuadora y mezcle hasta que estén bien combinados; aparte.

2. Sazone el bistec con sal y pimienta. A fuego alto, cocine a la parrilla hasta que esté medio cocido (o a su gusto). Transfiera el bistec a una bandeja para hornear, cúbralo con papel de aluminio y déjelo reposar de 5 a 10 minutos antes de cortarlo.

3. Corta la carne en rodajas finas.

4. Coloque las rodajas de carne, la salsa en un plato y el resto de los ingredientes de la ensalada, excepto la lechuga, en un tazón grande. Agrega el aderezo y mezcla.

5. Antes de servir, coloque las hojas de lechuga en platos separados y cubra con la mezcla de carne.

Ensalada picante de camarones

El picante de la salsa de chile resalta los sabores frescos de la lima y la menta en esta ensalada inolvidable. Y lo mejor es que todo se consigue en un abrir y cerrar de ojos.

Servicios 2-4

ingredientes

Para el condimento:

3 cucharadas de azúcar

4 cucharadas de salsa de pescado

1/3 un vaso de jugo de lima

2 cucharadas de salsa de chile preparada

Para la ensalada:

3/4 libra de camarones cocidos

1/4 un vaso de menta picada

1 cebolla morada pequeña, en rodajas finas

2 cebollas verdes, picadas y en rodajas finas

2 pepinos, pelados y cortados en rodajas finas

Hojas de lechuga bibb

1. Combine todos los ingredientes del aderezo en un tazón pequeño. Revuelve hasta que el azúcar se disuelva por completo.

2. En un tazón grande, mezcle todos los ingredientes de la ensalada excepto la lechuga. Vierta el aderezo y mezcle para cubrir.

3. Antes de servir, coloque las hojas de lechuga en platos separados. Coloca una porción de ensalada de camarones sobre las hojas. Servir inmediatamente.

Ensalada de pepino agridulce

Esta impresionante receta es en realidad una marinada rápida; ¡Déjalo en el frigorífico aún más tiempo para intensificar los sabores!

Servicios 2-4

ingredientes

5 cucharadas de azúcar

1 cucharadita de sal

1 taza de agua hirviendo

1/2 una taza de arroz o vinagre blanco

2 pepinos medianos, sin semillas y rebanados

1 cebolla morada pequeña, cortada en rodajas

2 chiles tailandeses, sin semillas y picados

1. En un tazón pequeño, mezcle el azúcar, la sal y el agua hirviendo. Revuelva para disolver completamente el azúcar y la sal. Agrega el vinagre y deja que la vinagreta se enfríe a temperatura ambiente.

2. Coloque los pepinos, las rodajas de cebolla y el chile en un tazón mediano. Espolvorea las especias sobre

las verduras. Cubra y deje marinar en el refrigerador al menos hasta que se enfríe, preferiblemente durante la noche.

Ensalada picante de melón

El plato veraniego por excelencia, combinado con carne a la parrilla y un plato de fideos fríos y picantes, crea una cena tailandesa impresionante, que se disfruta mejor al aire libre.

Servicios 4-6

ingredientes

6 tazas de varios cubitos de melón

2 pepinos, pelados, partidos por la mitad, sin semillas y en rodajas

6-8 cucharadas de jugo de lima

Ralladura de 1 lima

1/4 una taza de miel

1 chile serrano, sin semillas y picado (para una ensalada más picante, deja las semillas)

1/4 cucharada de sal

1. En un tazón grande, combine el melón y el pepino.

2. Mezcle los ingredientes restantes en un tazón pequeño. Vierta sobre la fruta y mezcle bien para cubrir.

3. Servir inmediatamente. Si prefieres un sabor más picante, deja la ensalada hasta por 2 horas para permitir que se desarrolle el chile.

La carne es agria y picante.

La salsa de soja dulce y oscura, que contiene melaza, le da a este plato un sabor claramente diferente, así que resista la tentación de sustituirla por la salsa de soja tradicional, que no es tan rica y es mucho más salada.

Servicios 1-2

ingredientes

1 cucharada de jugo de lima

1 cucharada de salsa de pescado

1 cucharada de salsa de soja dulce y oscura

3 cucharadas de cebolla picada

1 cucharadita de miel

1 cucharadita de chile seco en polvo

1 cebolla verde, pelada y cortada en rodajas finas

1 cucharadita de cilantro picado

11/2 libras de lomo

Sal y pimienta para probar

1. Prepara la salsa combinando cuidadosamente los primeros ocho ingredientes; aparte.

2. Sazone el bistec con sal y pimienta, luego cocínelo a la parrilla o a la parrilla a su gusto. Retire el bistec de la parrilla, cúbralo con papel de aluminio y déjelo reposar durante 5-10 minutos.

3. Cortar el filete en rodajas finas, cortando las fibras.

4. Coloque los trozos en un plato o 1 o 2 platos llanos. Vierta la salsa encima. Servir con arroz y guarniciones.

Carne frita con menta

Prepara arroz por la mañana en la olla de cocción lenta y cena en la mesa en minutos con este salteado rápido, fácil y divertido.

Servicios 4-6

ingredientes

7 a 14 (al gusto) chiles serranos, sin semillas y picados

1/4 taza de ajo, picado

1/4 una taza de cebolla amarilla o blanca picada

1/4 un vaso de aceite vegetal

1 libra de filete de falda, cortado en tiras finas

3 cucharadas de salsa de pescado

1 cucharada de azúcar

1/2–3/4 taza de agua

1/2 un vaso de hojas de menta picadas

1. Usando un mortero o un procesador de alimentos, muele el chile, el ajo y la cebolla.

2. Calienta el aceite a fuego medio en un wok o sartén grande. Agrega la mezcla de pimiento rojo molido al aceite y fríe durante 1 a 2 minutos.

3. Agrega la carne y sofríe hasta que comience a dorarse.

4. Agrega el resto de ingredientes, ajustando la cantidad de agua a la densidad deseada.

5. Servir con abundante arroz jazmín.

Cerdo con ajo y pimienta negra

Si no tienes uno, invierte en un mortero, una herramienta que hará que sea más fácil triturar el ajo según esta receta y liberará los intensos aromas de hierbas y especias.

Servicios 2

ingredientes

10-20 dientes de ajo machacados

2-2½ cucharaditas de pimienta negra, molida gruesa

4 cucharadas de aceite vegetal

1 lomo de cerdo, sin grasa y cortado en medallones de aproximadamente 1/4 de pulgada de grosor

1/4 una taza de salsa de soja negra dulce

2 cucharadas de azúcar moreno

2 cucharadas de salsa de pescado

1. Coloque el ajo y la pimienta negra en un procesador de alimentos pequeño y mezcle brevemente para formar una pasta gruesa; aparte.

2. Calienta el aceite en un wok o sartén grande a fuego medio. Cuando el aceite esté caliente añadir la pasta de ajo y pimiento y sofreír hasta que los ajos estén dorados.

3. Aumente el fuego a alto y agregue los medallones de cerdo; sofreír durante 30 segundos.

4. Agrega la salsa de soja y el azúcar moreno, revuelve hasta que el azúcar se disuelva.

5. Agregue la salsa de pescado y continúe cocinando hasta que la carne de cerdo esté bien cocida, aproximadamente de 1 a 2 minutos más.

carne de canela

Se ha demostrado que la canela tiene un efecto positivo sobre el colesterol y la diabetes tipo 2. También tiene propiedades antiinflamatorias, ¡así que agregue especias a la carne y obtenga los beneficios para la salud!

Servicios 4

ingredientes

1 1/2 litros de agua

2 cucharadas de azúcar

2 anís estrellado entero

5 cucharadas de salsa de soja

1 diente de ajo, machacado

2 cucharadas de salsa de soja dulce

1 pieza (2 pulgadas) de ramitas de canela

5 ramitas de cilantro

1 tallo de apio, rebanado

1 libra de lomo, sin grasa y cortado en cubos de 1 pulgada

1 hoja de laurel

1. Vierta agua en una olla grande y déjela hervir. Reduzca el fuego a bajo y agregue los ingredientes restantes.

2. Cocine a fuego lento, agregando más agua si es necesario, durante al menos 2 horas o hasta que la carne esté completamente tierna. Si es posible, deja el guiso en el frigorífico durante la noche.

3. Para servir, coloque los fideos o el arroz en el fondo de 4 tazones. Agrega los trozos de carne y luego vierte el caldo. Si lo desea, espolvoree con cilantro picado o cebolla verde picada. Sirva el vinagre y la salsa de chile de su elección como salsa para la carne.

Pollo al jengibre

El jengibre recién rallado es siempre la mejor opción para obtener el sabor más brillante de la cocina tailandesa, pero puedes prolongar la vida de las raíces indefinidamente pelándolas, cortándolas y remojándolas en vodka.

Servicios 2

ingredientes

2 cucharadas de salsa de pescado

2 cucharadas de salsa de soja oscura

2 cucharadas de salsa de ostras

3 cucharadas de aceite vegetal

1 cucharada de ajo, picado

1 pechuga de pollo entera, deshuesada y sin piel, cortada en trozos pequeños

1 taza de champiñones caseros rebanados

3 cucharadas de jengibre rallado

una pizca de azucar

3 cucharadas de cebolla picada

2-3 chiles havaneros o ojo de pájaro

Arroz jazmín, cocido según las instrucciones del paquete

3 cebollas verdes, peladas y cortadas en trozos de 1 pulgada

cilantro al gusto

1. En un tazón pequeño, combine la salsa de pescado, la salsa de soja y la salsa de ostras; aparte.

2. Calienta el aceite en un wok grande hasta que esté muy caliente. Agrega el ajo y el pollo y sofríe hasta que el pollo empiece a cambiar de color.

3. Agrega la salsa reservada y cocina hasta que comience a hervir a fuego lento, revolviendo constantemente.

4. Agrega los champiñones, el jengibre, el azúcar, la cebolla y el chile; Cocine a fuego lento hasta que el pollo esté bien cocido, aproximadamente 8 minutos.

5. Antes de servir, vierte arroz jazmín sobre el pollo y espolvorea con cebolla verde y cilantro.

pollo albahaca

Para un plato con un sabor más atrevido, use albahaca tailandesa (identificada por su tallo morado) en lugar de albahaca dulce. En esta variedad encontrarás sabores y aromas a regaliz, canela y menta.

Servicios 4

ingredientes

2 cucharadas de salsa de pescado

1 ½ cucharaditas de salsa de soja

1 cucharada de agua

11/2 cucharaditas de azúcar

2 pechugas de pollo enteras, deshuesadas y sin piel, cortadas en cubos de 1 pulgada

2 cucharadas de aceite vegetal

1 cebolla grande, en rodajas finas

3 chiles tailandeses, sin semillas y en rodajas finas

3 dientes de ajo, picados

1/2 taza de hojas de albahaca picadas, divididas

1. En un tazón mediano, combine la salsa de pescado, la salsa de soja, el agua y el azúcar. Agrega los cubos de pollo y mezcla. Dejar marinar durante 10 minutos.

2. Calienta el aceite en una sartén grande o en un wok a fuego medio. Agrega la cebolla y sofríe de 2 a 3 minutos. Agrega el chile y el ajo y continúa friendo por otros 30 segundos.

3. Con una espumadera, retira el pollo de la marinada y agrégalo a la sartén (reserva la marinada). Cocine hasta que esté casi cocido, aproximadamente 3 minutos.

4. Agrega la marinada reservada y cocina por otros 30 segundos. Retire la sartén del fuego y agregue 1 taza de albahaca.

5. Adorne con la albahaca restante y sirva con arroz.

Pollo con pimienta negra y ajo

Cocinar esta receta para toda la familia es una excelente manera de presentarles suavemente los sabores tailandeses. ¡Sirve con arroz jazmín y unos trozos de mango fresco para sorprenderlos realmente!

Servicios 4-6

ingredientes

1 cucharada de granos de pimienta negra enteros

5 dientes de ajo, cortados por la mitad

2 libras de pechugas de pollo deshuesadas y sin piel, cortadas en tiras

1/3 un vaso de salsa de pescado

3 cucharadas de aceite vegetal

1 cucharadita de azúcar

1. Usando un mortero o procesador de alimentos, combine los granos de pimienta negra y el ajo.

2. Coloca las tiras de pollo en un tazón grande. Agregue la mezcla de ajo, pimiento y salsa de pescado y revuelva para combinar.

3. Tapar el bol, meter en el frigorífico y dejar marinar durante 20-30 minutos.

4. Calienta el aceite vegetal a fuego medio en un wok o sartén. Una vez caliente, agregue la mezcla de pollo y cocine hasta que esté bien cocido, aproximadamente de 3 a 5 minutos.

5. Mezclar el azúcar. Agrega más azúcar o salsa de pescado al gusto.

Pollo con chile de coco

¡Olvídate del subidón tailandés! Cuando lo creas desde cero en tu cocina, adquiere una dimensión completamente nueva. Cuando se trata de sabor tropical, no hay nada mejor que esta mezcla de ingredientes.

Servicios 2-3

ingredientes

2-4 chiles serranos, sin tallos ni semillas

1 tallo de limón, con el corazón cortado en trozos

2 tiras (2 pulgadas de largo y 1/2 pulgada de ancho) de cáscara de lima

2 cucharadas de aceite vegetal

1/2 un vaso de leche de coco

1 pechuga de pollo entera, deshuesada y sin piel, cortada en tiras finas

2-4 cucharadas de salsa de pescado

10-15 hojas de albahaca

1. Coloque el chile, la hierba de limón y la ralladura de lima en un procesador de alimentos y procese hasta que estén finamente molidos.

2. Calienta el aceite a fuego medio en un wok o sartén grande. Agrega la mezcla de chile y fríe de 1 a 2 minutos.

3. Vierta la leche de coco y cocine por 2 minutos.

4. Agregue el pollo y cocine hasta que esté cocido, aproximadamente 5 minutos.

5. Reduzca el fuego a bajo y agregue salsa de pescado y hojas de albahaca al gusto.

6. Servir con abundante arroz jazmín.

Filetes de lima y jengibre

Esta cena está repleta de nutrientes y sabor, y no es una carga prepararla. Para un lomo ligero, tenga cuidado en la parrilla para evitar que se cocine demasiado.

Servicios 2-4

ingredientes

4 cucharadas de mantequilla sin sal, temperatura ambiente

2 cucharaditas de ralladura de lima

1/2 una cucharadita de jengibre molido

1/2 cucharada de sal

4 filetes de pescado, por ejemplo pescado blanco, perca o merluza

Sal y pimienta negra recién molida

1. Precalienta la parrilla.
2. En un tazón pequeño, combine la mantequilla, la ralladura de lima, el jengibre y 1/2 cucharadita de sal.
3. Sazone los filetes ligeramente con sal y pimienta y colóquelos en una bandeja para horno.

4. Cocine por 4 minutos. Unte cada filete con un poco de mantequilla de jengibre y lima y continúe cocinando durante 1 minuto o hasta que el pescado esté cocido a su gusto.

Pescado asiático a la parrilla rápido

Si le preocupa la sostenibilidad, es posible que desee considerar la posibilidad de abastecerse de pescado. Según el Fondo de Protección Ambiental, la caballa es la mejor opción, seguida de la lubina; La lubina chilena está en la lista de los "peores orgánicos".

Servicios 4-6

ingredientes

1 pescado entero, por ejemplo lubina o caballa, limpio

4 cucharadas de cilantro picado

3 cucharadas de ajo picado, dividido

1 cucharadita de pimienta negra recién molida

3 cucharadas de jugo de lima

1 cucharada de chile jalapeño, rebanado

2 cucharaditas de azúcar moreno

1. Enjuague el pescado rápidamente con agua fría. Secar con toallas de papel. Coloque el pescado sobre una hoja grande de papel de aluminio.

2. Coloque el cilantro, 2 cucharadas de ajo y pimienta negra en un procesador de alimentos y mezcle hasta obtener una pasta espesa.

3. Frote la pasta por todo el pescado, tanto por dentro como por fuera. Envuelve el pescado en papel de aluminio.

4. Para hacer la salsa, coloque el ajo restante, el jugo de limón, los chiles jalapeños y el azúcar moreno en un procesador de alimentos y presione hasta que se combinen.

5. Coloque el pescado en la rejilla preparada y cocine de 5 a 6 minutos por cada lado, o hasta que la carne se vuelva opaca al perforarla con la punta de un cuchillo.

6. Servir el pescado con la salsa.

Mariscos fritos

No hay nada mejor que el marisco fresco, pero es conveniente abastecerse cuando sus artículos favoritos estén en oferta, congelarlos y comerlos cuando se le antoje un salteado picante.

Servicios 2-4

ingredientes

3 cucharadas de aceite vegetal

3 cucharaditas de ajo, picado

2 chalotes, picados

1 tallo de limón machacado

¼ una taza de albahaca picada

1 lata de brotes de bambú, enjuagados y escurridos

3 cucharadas de salsa de pescado

Una pizca de azúcar moreno

1 libra de camarones, vieiras u otros mariscos frescos, limpios

Arroz cocinado según las instrucciones del paquete.

1. Calienta el aceite en una sartén o wok a fuego alto. Agrega el ajo, la chalota, el limón y la albahaca y sofríe de 1 a 2 minutos.

2. Reduce el fuego, añade el resto de los ingredientes y sofríe hasta que el pescado esté cocido a tu gusto, unos 5 minutos.

3. Servir con arroz.

Vieiras con albahaca

Las hojas de lima kaffir añaden una nota floral única a cualquier plato tailandés. Si no los encuentras, puedes sustituirlos por una combinación de ralladura de lima y hojas de laurel en juliana.

Servicios 2-4

ingredientes

2 cucharadas de aceite vegetal

3 dientes de ajo, picados

3 hojas de lima kaffir, picadas en juliana

1/2 1 libra de vieiras, limpias

1 lata (14 onzas) de champiñones en tiras, escurridos

1/4 taza de brotes de bambú, picados

3 cucharadas de salsa de ostras

15-20 hojas de albahaca fresca

1. Calienta el aceite en un wok o sartén a fuego alto. Agregue el ajo y las hojas de lima y cocine hasta que estén fragantes, aproximadamente 15 segundos.

2. Agrega las vieiras, los champiñones, los brotes de bambú y la salsa de ostras; Continúe cocinando durante unos 4 a 5 minutos o hasta que las vieiras estén cocidas a su gusto.

3. Agrega las hojas de albahaca y sirve inmediatamente.

papas fritas vegetarianas

Utiliza estas u otras verduras, dependiendo de lo que tengas a mano, pero no te saltes el paso de preparar la salsa, eso es lo que la hace tan deliciosa.

Ración para 4-6 personas como plato principal

ingredientes

1-2 cucharadas de aceite vegetal

2 tazas de tofu cortado en cubitos

2 cucharadas de ajo, picado

2 cucharadas de jengibre rallado

4 cucharadas de chile tailandés, sin semillas y en rodajas

4 cucharadas de salsa de soja

2 cucharadas de salsa de soja dulce y oscura

1 cebolla pequeña, rebanada

1/4 una taza de guisantes

1/4 un vaso de apio, cortado en rodajas finas

1/4 un vaso de castañas de agua

1/4 un vaso de pimiento picado

1/4 champiñones porcini, rebanados

1/4 un vaso de floretes de coliflor

1/4 taza de floretes de brócoli

1/4 puntas de espárragos en tazas

Disuelva 1 cucharada de fécula de maíz en una pequeña cantidad de agua.

1/4 brotes de soja

Arroz cocinado según las instrucciones del paquete.

1. Calienta 1 cucharada de aceite en una sartén grande o en un wok a fuego medio. Agrega el tofu y fríe hasta que esté dorado. Coloque el tofu sobre toallas de papel para escurrir.

2. Si es necesario, agrega más aceite a la sartén y fríe el ajo, el jengibre y el chile para que suelten su fragancia, aproximadamente de 2 a 3 minutos. Agrega la salsa de soja y aumenta el fuego a alto.

3. Agrega el tofu reservado y todas las verduras excepto los brotes de soja; freír por 1 minuto.

4. Agrega la mezcla de maicena y cocina por un minuto más o hasta que las verduras estén cocidas y la salsa se haya espesado un poco.

5. Agregue los brotes de soja, revolviendo brevemente para que se calienten.

6. Servir con arroz.

Califlor al horno

¡No hay nada más sencillo! La marinada revitaliza la coliflor terrosa y te anima a comer más de esta verdura crucífera nutritiva y subestimada.

Servicios 6-8

ingredientes

1 cabeza de coliflor, dividida en floretes (si son grandes cortarlos por la mitad)

½ un vaso de adobo o salsa de tu elección

1. Coloque los floretes de coliflor en una bolsa ziplock grande y vierta la marinada encima; Reservar en el frigorífico de 4 a 6 horas.

2. Precalienta el horno a 500 grados.

3. Coloque los floretes de coliflor en una bandeja para hornear. Hornee durante unos 15 minutos o hasta que estén tiernos, volteándolos después de 7 a 8 minutos.

Okra frita tailandesa

La harina de tapioca es una harina blanca sin cereales, ligeramente dulce y con almidón, elaborada a partir de raíz de yuca. Comúnmente utilizado como espesante, aquí se utiliza para preparar una masa ligera para este singular snack frito.

Rinde unas 20 piezas

∽

ingredientes

1/3 un vaso de harina para todo uso

1/2 un vaso de harina de tapioca

1 cucharadita de polvo para hornear

1/2 un vaso de agua

1 libra de okra pequeña, recortada

1 taza de aceite vegetal

1/2 taza de salsa de chile de tu preferencia

1. En un tazón mediano, mezcle la harina, el bicarbonato de sodio y el agua para hacer una masa. Agrega los trozos de okra.

2. Calienta el aceite vegetal en una sartén o wok a fuego alto. (Debe estar lo suficientemente caliente para que el trozo de masa se hinche inmediatamente).

3. Agrega la okra picada, de a poco, y fríe hasta que esté dorada.

4. Con una espumadera, retire la okra y colóquela sobre toallas de papel para que escurra.

5. Sirva caliente con su salsa de chile favorita.

Guisantes fritos y brotes de soja

Disfrute del sabor fresco y crujiente de este plato saludable que combina bien con arroz jazmín integral y maní molido como aperitivo vegetariano.

Servicios 4-6

ingredientes

2 cucharadas de aceite vegetal

1 cebolla pequeña, cortada en rodajas finas

1 trozo de jengibre (1 pulgada), pelado y picado

Una pizca de pimienta blanca

1 cucharada de salsa de soja

½ guisantes sin azúcar, picados

1 libra de brotes de soja, enjuagados bien y recortados según sea necesario

Sal y azúcar al gusto

1. Calienta el aceite vegetal a fuego medio en una sartén grande.
2. Agrega la cebolla y el jengibre y sofríe por 1 minuto.

3. Mezclar pimienta blanca y salsa de soja.

4. Agregue los guisantes dulces y cocine, revolviendo constantemente, durante 1 minuto.

5. Agrega los brotes de soja y sofríe por un minuto más, revolviendo constantemente.

6. Agrega hasta 1/2 cucharadita de sal y una pizca generosa de azúcar para ajustar el equilibrio de la salsa. Servir inmediatamente.

Pad tailandés

En Tailandia, este omnipresente plato se come como comida ligera y es uno de los favoritos en los mercados nocturnos. El ingrediente potencialmente desconocido es el concentrado de tamarindo, que proviene de la vaina de un árbol originario de África pero que ahora se cultiva principalmente en la India.

Servicios 2-4

ingredientes

8 onzas de fideos de arroz

2 cucharadas de aceite vegetal

5-6 dientes de ajo, finamente picados

2 cucharadas de chalotes, picados

½ una taza de ensalada de camarones cocidos

¼ un vaso de salsa de pescado

¼ un vaso de azúcar moreno

6-8 cucharadas de concentrado de tamarindo

¼ cebollino picado

½ taza de maní tostado, picado

1 huevo mediano, batido

1 taza de brotes de frijol

lado:

1 cucharada de jugo de lima

1 cucharada de concentrado de tamarindo

1 cucharada de salsa de pescado

1/2 brotes de soja

1/2 cebollino picado

1/2 taza de maní tostado, molido grueso

1 lima cortada en rodajas

1. Remoja la pasta en agua a temperatura ambiente durante 30 minutos o hasta que esté suave. Colar y reservar.

2. Calienta el aceite vegetal en un wok o sartén a fuego medio. Añade los ajos y la chalota y sofríe un rato hasta que empiecen a cambiar de color.

3. Agrega la pasta reservada y todos los ingredientes restantes excepto los huevos y los brotes de soja y sofríe hasta que esté caliente.

4. Continuando mezclando, vierte lentamente el huevo batido.

5. Agrega los brotes de soja y cocina por no más de 30 segundos.

6. En un bol pequeño, mezcla todos los ingredientes de decoración excepto los trozos de lima.

7. Antes de servir, coloca el Pad Thai en un plato. Mezclar con las adiciones y rodear con trozos de lima.

Pasta en la sartén

Este plato crujiente es la base perfecta para carnes marinadas o verduras al vapor. ¡Ajusta la pasta de chile y ajo dependiendo de cuánto sabor quieras agregar!

Servicios 6-8

ingredientes

3/4 pasta fresca lo mein o pasta cabello de ángel

1/4 una taza de cebollino picado

2 cucharadas (o al gusto) de pasta de chile y ajo preparada

3 cucharadas de aceite vegetal, dividido

sal al gusto

1. Cocine la pasta en una olla grande por no más de 2 a 3 minutos. Escurrir, enjuagar con agua fría y escurrir nuevamente.

2. Agrega cebollino, pasta de chile, 1 cucharada de aceite y sal a la pasta; mezclar y sazonar con especias.

3. En una sartén de fondo grueso de 10 pulgadas, caliente el aceite restante a fuego medio-alto. Una vez

caliente, agregue la mezcla de pasta, esparciendo uniformemente. Presiona la pasta en la sartén con el dorso de una espátula. Cocine durante unos 2 minutos. Reduce el fuego y continúa cocinando hasta que la pasta se dore. Voltee los fideos en 1 pieza. Continúe friendo hasta que estén doradas, agregando más aceite si es necesario.

4. Cortar la pasta antes de servir.

Fideos vegetales con sésamo

Aunque puedes utilizar fideos de huevo normales para esto, obtendrás un plato completamente diferente si pruebas los fideos de huevo asiáticos, que no son anchos ni planos, sino finos y ligeramente más densos.

Servicios 2-4

ingredientes

2 cucharadas de aceite vegetal

2 dientes de ajo, picados

2 tazas de brócoli, cortado en trozos pequeños

1 pimiento rojo, sin semillas y cortado en tiras

2 cucharadas de agua

8 onzas de fideos de huevo

4 onzas de tofu, cortado en cubitos

1 cucharada de aceite de sésamo

2-3 cucharadas de salsa de soja

2-3 cucharadas de salsa de chile preparada

3 cucharadas de semillas de sésamo

1. Calienta el aceite en una sartén grande o en un wok a fuego medio. Agrega el ajo y fríe hasta que esté dorado, aproximadamente 2 minutos.

2. Agrega el brócoli y el pimiento rojo y sofríe de 2 a 3 minutos. Agregue agua, cubra y cocine al vapor las verduras hasta que estén suaves, aproximadamente 5 minutos.

3. Hervir una olla grande con agua. Agrega los tallarines y cocina hasta que estén al dente; salida

4. Mientras se cocina la pasta, agregue los ingredientes restantes a la mezcla de brócoli. Retire del fuego, agregue la pasta y mezcle hasta que se combinen.

Pasta de harina y lima

Un híbrido de sabores tailandeses e italianos canta en este plato único. Las flores comestibles como las Hoodoos y Johnny Jump-Ups son fáciles de cultivar y, a menudo, se pueden comprar en la granja local.

Servicios 4

ingredientes

8 oz de pasta de cabello de ángel

1 cucharada de mantequilla salada

2-3 cucharadas de jugo de lima

4 onzas de queso parmesano rallado

Pétalos de rosa u otras flores orgánicas comestibles.

rodajas de lima

pimienta negra

1. Hierve agua en una olla grande a fuego alto. Agrega la pasta y cocina según las instrucciones del paquete; salida

2. Sazone la pasta con mantequilla, jugo de lima y parmesano.

3. Para servir, decora con pétalos de rosa o flores y rodajas de lima. Sirve pimienta negra en la mesa.

Pasta de brócoli con ajo y soja

Para una comida más abundante, agregue más de sus vegetales verdes favoritos y pechuga de pollo en rodajas finas a su salteado. (¡Solo recuerde aumentar la cantidad de ingredientes de la salsa en consecuencia!)

Servicios 2-4

ingredientes

1 libra de brócoli, dividido en floretes pequeños

16 onzas de fideos de arroz

1-2 cucharadas de aceite vegetal

2 dientes de ajo, picados

2 cucharadas de salsa de soja

1 cucharada de salsa de soja dulce

1 cucharada de azúcar

Salsa picante

salsa de pescado

Halcones de lima

1. Pon a hervir una olla con agua a fuego alto. Sumerge el brócoli y caliéntalo hasta que esté suave o crujiente o como más te guste. Colar y reservar.
2. Remoja los fideos de arroz en agua caliente hasta que estén suaves, aproximadamente 10 minutos.
3. Calienta el aceite vegetal en una sartén grande a fuego medio. Agrega el ajo y sofríe hasta que esté dorado. Agrega la salsa de soja y el azúcar, revuelve hasta que el azúcar se disuelva por completo.
4. Agregue la pasta reservada y revuelva hasta que esté bien cubierta con la salsa. Agrega el brócoli y mezcla.
5. Sirva inmediatamente con salsa picante, salsa de pescado y rodajas de lima.

Arroz pegajoso básico

En Tailandia, este producto se cuece al vapor en grandes embudos; aquí usarás la canasta vaporera. Se puede encontrar en todos los mercados asiáticos y también se le llama "arroz dulce", "arroz mochi" o "arroz pegajoso".

Servicios 2-4

ingredientes

1 taza de arroz glutinoso

Cascada

1. Coloca el arroz en un bol, cúbrelo completamente con agua y reserva durante la noche. Colar antes de usar.

2. Forre una canasta vaporera o un colador con una gasa húmeda. (Esto evita que los granos de arroz caigan por los agujeros del colador).

3. Extienda el arroz sobre la gasa lo más uniformemente posible.

4. Hervir una olla de agua con tapa. Coloque la canasta sobre agua hirviendo para que su fondo no toque el agua. Tapar bien y dejar en infusión durante 25 minutos.

Arroz frito del Lejano Oriente

Opte por salsa de pescado vegetariana y agregue un huevo para crear una versión vegana. También puedes hacerlo más carnoso agregando trozos de pollo o ternera picados. ¡Las variaciones son infinitas!

Servicios 4-6

ingredientes

2 cucharadas de salsa de pescado

1 ½ cucharadas de vinagre de arroz

2 cucharadas de azúcar

2 ½ cucharadas de aceite vegetal

2 huevos batidos

1 manojo de cebolla verde, picada y en rodajas finas

2 cucharadas de ajo, picado

1 cucharadita de hojuelas de chile rojo seco

2 zanahorias grandes, peladas y cortadas en trozos

2 tazas de brotes de frijol, recortados si es necesario

5 tazas de arroz blanco de grano largo, de un día de edad, con grumos partidos

1/4 una taza de hojas de menta o cilantro picadas

1/4 taza de maní tostado, picado

1. Combine la salsa de pescado, el vinagre de arroz y el azúcar en un tazón pequeño; aparte.

2. Calienta el aceite en un wok o sartén grande a fuego medio. Agrega los huevos y sofríe hasta que estén revueltos.

3. Agregue la cebolla verde, el ajo y las hojuelas de pimiento y continúe cocinando durante 15 segundos o hasta que esté fragante.

4. Agrega las zanahorias y los brotes de soja; cocine hasta que las zanahorias comiencen a ablandarse, aproximadamente 2 minutos.

5. Agregue el arroz y cocine de 2 a 3 minutos o hasta que esté completamente caliente.

6. Mezcle la mezcla de salsa de pescado y agregue el arroz frito, mezclando hasta que quede suave.

7. Para servir, decora el arroz con menta o cilantro picado y maní picado.

Arroz con jengibre

El sabor dulce y picante de la raíz de jengibre fresca persiste y se vuelve más complejo cuanto más tiempo se cocina en el plato. ¡Estimulará tus papilas gustativas y te dará energía!

Servicios 4-6

ingredientes

2 cucharadas de aceite vegetal

1 trozo (1/2 pulgada) de raíz de jengibre, pelada y cortada en rodajas finas

1 tallo de limón, cortado en aros (solo la parte interior lisa)

2-3 cebollas verdes, cortadas en aros

1 chile rojo, sin semillas y picado

11/2 tazas de arroz de grano largo

Una pizca de azúcar moreno

Pizca de sal

Jugo de 1/2 lima

23/4 tazas de agua

1. Calienta el aceite en una olla mediana a fuego medio. Agrega la raíz de jengibre, el limón, la cebolla verde y el pimiento; sofríe durante 2 a 3 minutos.

2. Agrega el arroz, el azúcar moreno, la sal y el jugo de limón y continúa cocinando por 2 minutos más. Agrega agua a la olla y deja hervir.

3. Reduzca el fuego, cubra con una tapa hermética y cocine a fuego lento durante 15-20 minutos hasta que se absorba el líquido.

Arroz tropical con coco

El arroz es la base de muchos postres tailandeses y éste no es una excepción. La combinación del coco y frutas como la piña, el mango, el plátano o la guayaba lo hacen cremoso y dulce.

Servicios 6-8

ingredientes

2 tazas de arroz de grano corto

2 tazas de agua

1 taza de crema de coco

1/4 taza de coco tostado (ver recuadro)

1/2 taza de fruta tropical finamente picada de su elección

1. Coloca el arroz, el agua y la crema de coco en una olla mediana y mezcla bien. Llevar a ebullición a temperatura media. Reduzca el fuego y cubra con una tapa hermética. Cocine durante 15-20 minutos o hasta que se absorba todo el líquido.

2. Dejar reposar el arroz del fuego durante 5 minutos.

3. Pelar el arroz, añadir el coco tostado y la fruta.

tonto manga

El tonto suele ser una combinación de crema batida y puré de frutas. La fruta simplemente se mezcla con la crema, dejando ligeras vetas. Este "pudín" para adultos es sencillo, ligero y una auténtica delicia.

Servicios 4-6

ingredientes

2 mangos maduros, pelados y sin pulpa

2 cucharadas de jugo de lima

1/4 un vaso de azucar

1 taza de crema

1 cucharada de azúcar en polvo

jengibre confitado (opcional)

hojas de menta (opcional)

1. Coloca el mango en un procesador de alimentos con el jugo de lima y el azúcar. Haga puré hasta que quede suave.

2. En un bol grande batir la nata con el azúcar glass hasta que esté firme.

3. Agrega con cuidado el puré de mango a la nata.

4. Sirva en vasos decorados con jengibre confitado o ramitas de menta, si lo desea.

helado de sandia

Enfría tus vasos para crear un efecto helado y evitar que el raspado se derrita. ¡Pruebe diferentes variedades de la sandía tradicional para obtener un inesperado gel naranja o amarillo!

Servicios 6-8

ingredientes

1/3 un vaso de agua

1/2 un vaso de azucar

1 trozo (3 libras) de sandía, pelada, sin semillas y cortada en trozos pequeños (reserva un poco para decorar, si lo deseas)

1 cucharada de jugo de lima

ramitas de menta (opcional)

1. Vierta agua y azúcar en una olla pequeña y déjela hervir. Retirar del fuego y enfriar a temperatura ambiente, revolviendo con frecuencia. Coloque la sartén en un recipiente con hielo y revuelva el almíbar hasta que se enfríe.

2. Coloque la sandía, el almíbar y el jugo de lima en una licuadora y mezcle hasta que quede suave.

3. Vierta el puré a través de un colador en una sartén de 9 pulgadas. Cubre la sartén con papel de aluminio.

4. Congele el puré durante 8 horas o hasta que esté congelado.

5. Antes de servir, raspe el puré congelado con los dientes de un tenedor. Vierte la raspa en bonitos vasos y decora con una rodaja de sandía o unas ramitas de menta.

Té helado tailandés fácil

Té helado tailandés de medio tiempo: ¿qué es lo que no te gusta? Añade un poco de leche o leche condensada para que quede más cremoso y sabroso.

por 1 taza

ingredientes

2 cucharadas de azúcar

1-2 cucharadas de hojas de té tailandés

1 taza de agua caliente

hielo

1. Pon el azúcar en un vaso grande.
2. Forma una bola con las hojas de té y colócalas en un vaso.
3. Agrega agua caliente. Espere hasta que haya terminado con su fuerza preferida.
4. Revuelve para disolver el azúcar y agrega hielo.

palitos de zanahoria asiática

¿No hay cinco especies? ¡Ningún problema! Puedes hacer el tuyo propio combinando granos de pimienta de Sichuan y anís estrellado (tostados y molidos en un molinillo de especias), clavo molido, canela molida y semillas de hinojo molidas.

Servicios 4-6

ingredientes

1 libra de zanahorias finas, peladas y cortadas en cuartos a lo largo

4 cucharadas de agua

4 cucharadas de aceite de oliva

2 dientes de ajo, picados

2 cucharadas de vinagre de arroz

1/8– 1/4 cucharadita de pimienta de cayena

1/2-1 ½ cucharaditas de pimiento rojo

1/2-1 cucharadita de cinco especias chinas en polvo

3 cucharadas de cilantro picado

Sal y pimienta para probar

1. Coloque las zanahorias en una sartén lo suficientemente grande como para que quepan cómodamente. Vierta agua sobre las zanahorias y déjelas hervir a fuego alto. Escurre las zanahorias y devuélvelas a la sartén.

2. Agrega 4 cucharadas de agua, aceite de oliva y ajo; llevar a ebullición, reducir el fuego y cocinar hasta que estén tiernos. salida

3. En un tazón pequeño, mezcle los ingredientes restantes; vierta sobre las zanahorias, mezcle hasta que se enfríe.

4. Condimentar con sal y pimienta.

5. Las zanahorias se pueden comer inmediatamente, pero después de unas horas de marinar adquirirán un sabor más rico.

guacamole al estilo tailandés

Date un baño tradicional mexicano, agrega jengibre y consigue un cambio de imagen asiático. Sirva con wontons fritos para completar el tema del Lejano Oriente.

Para 2 tazas

ingredientes

2 aguacates maduros, sin hueso y picados

4 cucharaditas de jugo de lima

1 tomate Datterino grande, sin semillas y picado

1 cucharada de cebolla, picada

1 diente de ajo pequeño, picado

1 cucharadita de ralladura de lima

1 cucharadita de jengibre rallado

1 cucharadita de chile serrano o jalapeño picado

1-2 cucharadas de cilantro picado

Sal y pimienta negra recién molida al gusto

1. Coloca el aguacate en un tazón mediano. Agregue el jugo de limón y mezcle en trozos grandes.

2. Agregue los ingredientes restantes y mezcle suavemente.

3. Servir en 2 horas.

Ensalada de pollo tailandés

La col china (o china) tiene hojas y un sabor más delicado que la tradicional col roja o verde. Puedes sustituirlo si lo deseas, pero asegúrate de picarlo finamente y esperarás una ensalada más espesa.

Servicios 4

ingredientes

Para el condimento:

¼ un vaso de aceite vegetal

2 cucharadas de vino y vinagre de arroz

1 cucharada de salsa de soja

2 cucharaditas de jengibre rallado

una pizca de azucar

¼ una cucharadita (o al gusto) de sal

Para la ensalada:

2 tazas de pollo cocido, picado

4 onzas de guisantes, picados

3 cebollas verdes, picadas y en rodajas

1 taza de brotes de frijol

1 cabeza mediana de bok choy, picada

1 cucharada de semillas de sésamo tostadas

1. Coloque los ingredientes del aderezo para ensalada en un tazón pequeño y mezcle vigorosamente hasta que se combinen.

2. En un tazón mediano, combine el pollo, los guisantes, la cebolla verde y los brotes de soja. Agrega el aderezo y mezcla.

3. Antes de servir, coloca el repollo en un plato. Coloque la ensalada de pollo encima del repollo. Decorar con semillas de sésamo.

Ensalada de patatas y nueces

La combinación de maní y menta es una combinación tailandesa clásica que funcionó aquí con gran efecto. Elija mantequilla de maní totalmente natural para obtener un sabor más salado; Marcas tradicionales para un poco de dulzura.

Servicios 8-10

ingredientes

3 libras de papas calientes, peladas

1 taza de maní salado, picado en trozos grandes, cantidad dividida

1 pimiento rojo mediano, sin corazón y picado

2 tallos de apio, cortados en rodajas

4 cebollas verdes, picadas y en rodajas

1/4 un vaso de cilantro picado

1/4 un vaso de menta picada

3/4 un vaso de mayonesa

1/4 un vaso de mantequilla de maní

3 cucharadas de vinagre de arroz

Sal y pimienta para probar

1. Hierve agua en una olla grande a fuego alto. Agregue las papas y cocine hasta que estén suaves. Colar y enfriar. Cortar en cubos de 1/2 pulgada.

2. En un tazón grande, combine las papas cortadas en cubitos, 3/4 taza de maní, el pimiento rojo, el apio, la cebolla verde, el cilantro y la menta.

3. En un tazón pequeño, mezcle la mayonesa, la mantequilla de maní y el vinagre. Condimentar con sal y pimienta.

4. Vierta la salsa sobre la masa de papa y mezcle. Refrigere por al menos 1 hora. Antes de servir, decora con el maní restante.

Hamburguesas del Sudeste Asiático

¡Sirva con okra frita y arroz con jengibre para obtener una versión tailandesa de una comida formal!

Servicios 4

ingredientes

1 diente de ajo, picado

3 cucharadas de pan rallado

1 libra de carne molida o pavo molido

¼ un vaso de cilantro picado

¼ una taza de albahaca picada

¼ un vaso de menta picada

2 cucharadas de jugo de lima

1 cucharadita de azúcar (opcional)

3 cócteles tabasqueños

1. En un tazón mediano, combine todos los ingredientes.
2. Usa tus manos para mezclar suavemente los ingredientes y formar 4 hamburguesas. Sazone cada hamburguesa con sal y pimienta.

3. Asa las albóndigas a tu gusto, unos 5 minutos por cada lado, a fuego medio-alto.

Pollo cocido sazonado

Una vez que le des tanto sabor a tus aves, nunca querrás cocinarlas de otra manera. Sirva picado con verduras al vapor y arroz glutinoso para que brillen las especias.

Servicios 4-6

ingredientes

1 anís estrellado entero

½ cucharadita de granos de pimienta negra enteros

½ cucharadita de clavo entero

1 rama de canela (2 pulgadas).

1 vaina de cardamomo

¼ una cucharadita de cáscara de mandarina seca (se puede reemplazar con cáscara de naranja seca)

5 vasos de agua

¼ un vaso de salsa de soja ligera

2 cucharadas de azúcar

4-6 pechugas de pollo deshuesadas y sin piel

1. Coloque en una olla el anís estrellado, los granos de pimienta, el clavo, la rama de canela, las vainas de cardamomo, la cáscara de mandarina y el agua. Lleva la mezcla a ebullición a fuego alto. Cocine hasta que el líquido se reduzca a 4 tazas.

2. Mezclar la salsa de soja y el azúcar. Vuelva a hervir el líquido.

3. Agregue las pechugas de pollo y reduzca a fuego lento. Cocine las pechugas hasta que estén listas, unos 20 minutos.

Cinco verduras especiadas

Aquí en la salsa encontramos cinco sabores de Asia: salado, picante, dulce, ácido y amargo. Agrega un poco más de miel si prefieres una salsa más dulce y menos hojuelas de pimiento rojo si no quieres tanto picante.

Servicios 4

ingredientes

1/2 vaso de zumo de naranja

1 cucharada de maicena

1/2– 3/4 cucharadita de cinco especias chinas en polvo

1/4 una cucharadita de hojuelas de pimiento rojo molido

2 cucharadas de salsa de soja

2 cucharaditas de miel

1 cucharada de aceite vegetal

1 libra de champiñones, rebanados

1 taza de rodajas de zanahoria

1 cebolla pequeña, partida por la mitad y en rodajas finas

1-2 dientes de ajo, picados

3 tazas de floretes de brócoli

1. En un tazón pequeño, combine el jugo de naranja, la maicena, las cinco especias en polvo, las hojuelas de pimiento rojo, la salsa de soja y la miel; aparte.

2. Calienta el aceite vegetal en un wok o sartén a fuego medio. Agrega los champiñones, las zanahorias, la cebolla y el ajo. Freír durante unos 4 minutos.

3. Agregue el brócoli y continúe cocinando por otros 2-4 minutos.

4. Mezclar la salsa. Cocine hasta que las verduras estén listas y la salsa espesa, aproximadamente 2 minutos.

5. Servir con fideos de arroz, fideos o arroz.

batatas peninsulares

La leche de coco añade un sabor isleño a cualquier plato, ¡y éste no es una excepción! Si quieres hacer puré las batatas después de cocinarlas, esta es otra excelente manera de disfrutarlas.

Servicios 4

ingredientes

1 libra de batatas o batatas, varias variedades, peladas y cortadas en trozos pequeños

1 hoja de laurel

1 cucharadita de azúcar

¼ cucharada de sal

1 lata (14 onzas) de leche de coco

1. Coloca los trozos de camote en una olla grande. Agregue suficiente agua para cubrir y deje hervir. Agrega la hoja de laurel y cocina hasta que las patatas estén blandas. Retire la hoja de laurel y deséchela.

2. Mezclar el azúcar y la sal. Una vez que el azúcar se haya disuelto, retira la olla del fuego y agrega la leche

de coco. Ajuste los condimentos agregando sal y/o azúcar si es necesario. Ajusta la consistencia agregando más agua y/o leche de coco.

pollo en miel

¡Más satisfactorio y saludable! - En comparación con la versión frita, este plato de pollo agridulce supera a cualquier cosa que puedas pedir del menú para llevar.

Servicios 3-4

ingredientes

2 cucharadas de miel

2 cucharadas de salsa de pescado

2 cucharadas de salsa de soja

½ una cucharadita de polvo de cinco especias chinas

2 cucharadas de aceite vegetal

1 cebolla mediana, pelada y cortada en rodajas

1 libra de pechugas de pollo deshuesadas y sin piel, cortadas en trozos pequeños

3-4 dientes de ajo, cortados en rodajas finas

1 trozo de jengibre (1 pulgada), pelado y picado

1. Combine la miel, la salsa de pescado, la salsa de soja y el polvo de cinco especias en un tazón pequeño; aparte.

2. Calienta el aceite en un wok a fuego medio. Añade la cebolla y sofríe hasta que empiece a dorarse.

3. Agrega el pollo; freír durante 3-4 minutos.

4. Agrega el ajo y el jengibre y continúa friendo por otros 30 segundos.

5. Agrega la mezcla de miel y cocina de 3 a 4 minutos hasta que el pollo esté traslúcido y cocido a tu gusto.

Sirope de frutas con jerez

Es un postre sencillo y elegante. El almíbar se puede almacenar en el refrigerador hasta por una semana y se puede preparar con anticipación para preparar fácilmente la cena. ¡También puedes usarlo como un almíbar simple para darle sabor al agua o al té!

Servicios 4-6

ingredientes

2 cucharadas de azúcar

4 cucharadas de agua

2 cucharadas de jerez seco

2 cucharaditas de jugo de limón

1 naranja, pelada y cortada en rodajas

2 tazas de trozos de piña fresca

1/2 taza de rodajas de kiwi

1. En una ollita a fuego alto, hierve el azúcar y el agua hasta obtener un almíbar. Retirar del fuego y enfriar a temperatura ambiente. Agrega el jugo de limón y el jerez; aparte.

2. Mezcle los gajos de naranja, los trozos de piña y el kiwi en un bol. Vierta el almíbar sobre la fruta y mezcle hasta que se combinen. Refrigere durante al menos 1 hora antes de servir.

Carne crujiente con salsa de curry

Servicios 4

1 huevo batido

15ml/1 cucharada de harina de maíz (almidón de maíz)

5ml/1 cucharadita de bicarbonato de sodio (bicarbonato de sodio)

15 ml/1 cucharada de vino de arroz o jerez seco

15 ml/1 cucharada de salsa de soja

225 g de carne magra de ternera cortada en rodajas

90 ml/6 cucharadas de aceite

100 g de pasta de curry

Mezcla huevo, maicena, bicarbonato de sodio, vino o jerez y salsa de soja. Mezclar la carne y 15 ml/1 cucharada de aceite. Calienta el aceite restante y fríe la mezcla de carne y huevo durante 2 minutos. Retirar la carne y escurrir el aceite. Agrega la pasta de curry a la sartén y deja que hierva, luego regresa la carne a la sartén, mezcla bien y sirve.

Curry de ternera a la parrilla

Servicios 4

45ml/3 cucharadas de aceite de maní.

5 ml/1 cucharadita de sal

1 diente de ajo, machacado

450 g/1 libra de lomo de res cortado en cubitos

4 cebolletas (cebolletas), cortadas en rodajas

1 rodaja de raíz de jengibre, picada

30ml/2 cucharadas de curry en polvo

15 ml/1 cucharada de vino de arroz o jerez seco

15 ml/1 cucharada de azúcar

400ml/14oz/1 taza de caldo de res

15ml/1 cucharada de harina de maíz (almidón de maíz)

45ml/3 cucharadas de agua

Calentar el aceite de oliva y sofreír la sal y el ajo hasta que estén dorados. Agrega el bistec y rocía con aceite de oliva, luego agrega las cebolletas y el jengibre y sofríe hasta que la carne esté dorada por todos lados. Agrega el curry y sofríe durante 1 minuto. Agrega el vino o jerez y el azúcar, luego agrega el caldo, lleva a ebullición, tapa y cocina a fuego lento durante unos 35 minutos, hasta que la carne esté tierna. Mezcle la harina de maíz y el agua hasta formar una pasta, combine con la salsa y cocine a fuego lento, revolviendo, hasta que la salsa espese.

Carne de res salteada al curry

Servicios 4

225 g de carne magra

30 ml/2 cucharadas de aceite de maní.

1 cebolla grande, cortada en rodajas

30ml/2 cucharadas de curry en polvo

1 rodaja de raíz de jengibre, picada

15 ml/1 cucharada de vino de arroz o jerez seco

120 ml/4 oz/¬Ω taza de caldo de res

5 ml/1 cucharadita de azúcar

15ml/1 cucharada de harina de maíz (almidón de maíz)

45ml/3 cucharadas de agua

Corta la carne en rodajas finas a lo largo de la fibra. Calentar el aceite y sofreír la cebolla hasta que esté transparente. Agrega el curry y el jengibre y sofríe unos segundos. Agrega la carne y fríe hasta que esté dorada. Añade el vino o jerez y el caldo, deja hervir, tapa y cocina a fuego lento durante unos 5 minutos hasta que la carne esté cocida. mezclar azúcar,

la harina de maíz y el agua, verter en una olla y cocinar a fuego lento, revolviendo hasta que la salsa espese.

Carne De Res Con Ajo

Servicios 4

350 g de carne magra de ternera cortada en rodajas

4 dientes de ajo, cortados en rodajas

1 pimiento rojo, rebanado

45 ml/3 cucharadas de salsa de soja

45ml/3 cucharadas de aceite de maní.

5ml/1 cucharadita de harina de maíz (almidón de maíz)

15ml/1 cucharada de agua

Mezclar la carne con el ajo, la guindilla y 30 ml/2 cucharadas de salsa de soja, dejar reposar durante 30 minutos, revolviendo de vez en cuando. Calienta el aceite y fríe la mezcla de carne durante unos minutos hasta que esté casi cocida. Mezcle los ingredientes restantes hasta formar una pasta, mezcle en la sartén y continúe friendo hasta que la carne esté cocida.

carne de jengibre

Servicios 4

15 ml/1 cucharada de aceite de maní (nuez).

450 g/1 libra de carne magra de res, en rodajas

1 cebolla, cortada en rodajas finas

2 dientes de ajo machacados

2 trozos de jengibre cristalizado, cortado en rodajas finas

15 ml/1 cucharada de salsa de soja

150 ml/¬°pt/generosa ¬Ω taza de agua

2 tallos de apio, cortados en diagonal

5 ml/1 cucharadita de sal

Calentar el aceite de oliva y sofreír la carne, la cebolla y el ajo hasta que se doren ligeramente. Agregue el jengibre, la salsa de soja y el agua, deje hervir, cubra y cocine a fuego lento durante 25 minutos. Agregue el apio, cubra y cocine a fuego lento durante otros 5 minutos. Espolvorea con sal antes de servir.

Carne roja cocinada con jengibre.

Servicios 4

450 g/1 libra de carne magra

2 rodajas de raíz de jengibre, picadas

4 cebolletas picadas

120 ml/4 oz/¬Ω taza de salsa de soja

60 ml/4 cucharadas de vino de arroz o jerez seco

400 ml / 14 oz / 1er vaso de agua

15 ml/1 cucharada de azúcar moreno

Coloque todos los ingredientes en una olla, hierva, cubra y cocine a fuego lento, revolviendo ocasionalmente, durante aproximadamente 1 hora hasta que la carne esté tierna.

Carne De Res Con Judías Verdes

Servicios 4

225 g de filete, cortado en rodajas finas

30 ml/2 cucharadas de harina de maíz (almidón de maíz)

15 ml/1 cucharada de vino de arroz o jerez seco

15 ml/1 cucharada de salsa de soja

30 ml/2 cucharadas de aceite de maní.

2,5 ml/¬Ω cucharadita de sal

2 dientes de ajo machacados

225 g de judías verdes

225 g de brotes de bambú, cortados en rodajas

50 g de champiñones cortados en rodajas

50 g de castañas de agua, en rodajas

150 ml/¬° pt/top ¬Ω taza de caldo de pollo

Coloca el bistec en un bol. Mezclar 15 ml/1 cucharada de maicena, vino o jerez y salsa de soja, mezclar con la carne y dejar marinar durante 30 minutos. Calentar el aceite de oliva con sal y ajo y sofreír hasta que el ajo esté ligeramente dorado. Agrega la carne y la marinada y fríe durante 4 minutos. Agrega los frijoles y fríe por 2 minutos. Agregue los ingredientes restantes, lleve a ebullición y cocine a fuego lento durante 4 minutos. Incorpora la maicena restante

un poco de agua y mezclar con la salsa. Cocine, revolviendo, hasta que la salsa se aclare y espese.

carne caliente

Servicios 4

450 g/1 libra de carne magra

6 cebolletas (cebolletas), en rodajas

4 rodajas de raíz de jengibre

15 ml/1 cucharada de vino de arroz o jerez seco

15 ml/1 cucharada de salsa de soja

4 chiles rojos secos, picados

10 granos de pimienta

1 anís estrellado

300 ml/¬Ω pt/1¬° vaso de agua

2,5 ml/¬Ω cucharadita de aceite de chile

Colocar la carne en un bol, añadir 2 cebolletas, 1 rodaja de jengibre y la mitad del vino y dejar marinar 30 minutos. Hervir agua en una olla grande, agregar la carne y cocinar hasta que esté cerrada.

por todos lados, luego retirar y escurrir. Coloque la cebolleta restante, el jengibre y el vino o jerez en la sartén con la guindilla, los granos de pimienta y el anís estrellado, luego agregue el agua. Llevar a ebullición, añadir la carne, tapar y cocinar a fuego lento durante unos 40 minutos hasta que la carne esté tierna. Retirar la carne del líquido y escurrir bien. Cortar en rodajas finas y colocar en un plato caliente. Sirva espolvoreado con aceite de chile.

Stracetti picante con ternera

Servicios 4

150 ml/¬° pt/grande ¬Ω taza de aceite de maní (maní).

450 g/1 libra de carne magra, cortada a lo largo de la fibra

45 ml/3 cucharadas de salsa de soja

15 ml/1 cucharada de vino de arroz o jerez seco

1 rodaja de raíz de jengibre, picada

1 pimiento rojo seco, picado

2 zanahorias, picadas

2 tallos de apio, cortados en diagonal

10 ml/2 cucharaditas de sal

225 g/8 oz/1 taza de arroz de grano largo

Calentar dos tercios del aceite y sofreír la carne, la salsa de soja y el vino o jerez durante 10 minutos. Retira la carne y reserva la salsa. Calentar el aceite restante y sofreír el jengibre, los pimientos y las zanahorias durante 1 minuto. Agrega el apio y sofríe por 1 minuto. Agrega la carne y la sal y sofríe por 1 minuto.

Mientras tanto, cocine el arroz en agua hirviendo durante unos 20 minutos hasta que esté tierno. Escurrir bien y disponer en un plato. Vierta la mezcla de carne y la salsa picante.

Ternera con tirabeques

Servicios 4

225 g de carne magra

30 ml/2 cucharadas de harina de maíz (almidón de maíz)

5 ml/1 cucharadita de azúcar

5 ml/1 cucharadita de salsa de soja

10 ml/2 cucharaditas de vino de arroz o jerez seco

30 ml/2 cucharadas de aceite de maní.

2,5 ml/¬Ω cucharadita de sal

2 rodajas de raíz de jengibre, picadas

225 g de tirabeques (guisantes)

60 ml/4 cucharadas de caldo de res

10ml/2 cucharaditas de agua

pimienta recién molida

Corta la carne en rodajas finas a lo largo de la fibra. Mezcle la mitad de la maicena, el azúcar, la salsa de soja y el vino o jerez, agréguelo a la carne y mezcle bien para cubrir.

Calentar la mitad del aceite y sofreír la sal y el jengibre unos segundos. Agregue los guisantes y revuelva para cubrirlos con aceite. Agrega el caldo, deja que hierva y revuelve bien, luego retira los guisantes y el líquido de la sartén. Calentar el aceite restante y freír la carne hasta que esté ligeramente dorada. Vuelva a agregar los guisantes a la sartén. Mezclar

vierta la harina de maíz restante con agua, mezcle en la sartén y sazone con pimienta. Cocine, revolviendo, hasta que la salsa espese.

Carne guisada marinada

Servicios 4

Filete de res 450 g/1 lb

75 ml/5 cucharadas de salsa de soja

60 ml/4 cucharadas de vino de arroz o jerez seco

5 ml/1 cucharadita de sal

15ml/1 cucharada de harina de maíz (almidón de maíz)

45ml/3 cucharadas de aceite de maní.

15 ml/1 cucharada de azúcar moreno

15 ml/1 cucharada de vinagre de vino

Perfora el filete en varios lugares y colócalo en un bol. Mezcle la salsa de soja, el vino o jerez y la sal, vierta sobre la carne y reserve durante 3 horas, volteándola de vez en cuando. Escurre la carne y desecha la marinada. Secar la carne y espolvorear con harina de maíz. Calentar el aceite y sofreír la carne por todos lados hasta que esté dorada. Agrega azúcar, vinagre de vino y suficiente agua para cubrir la carne. Llevar a ebullición, tapar y cocinar a fuego lento durante aproximadamente 1 hora hasta que la carne esté tierna.

Carne de res y champiñones fritos

Servicios 4

225 g de carne magra

15ml/1 cucharada de harina de maíz (almidón de maíz)

15 ml/1 cucharada de vino de arroz o jerez seco

15 ml/1 cucharada de salsa de soja

2,5 ml/¬Ω cucharadita de azúcar

45ml/3 cucharadas de aceite de maní.

1 rodaja de raíz de jengibre, picada

2,5 ml/¬Ω cucharadita de sal

225 g de champiñones en rodajas

120 ml/4 oz/¬Ω taza de caldo de res

Corta la carne en rodajas finas a lo largo de la fibra. Mezcle la maicena, el vino o jerez, la salsa de soja y el azúcar, mezcle con la carne y mezcle bien para cubrir la carne. Calentar el aceite y sofreír el jengibre durante 1 minuto. Agrega la carne y fríe hasta que esté dorada. Agrega la sal y los champiñones y mezcla bien. Agrega el caldo, lleva a ebullición y cocina, revolviendo, hasta que la salsa espese.

carne marinada

Servicios 4

450 g/1 libra de carne magra de res, en rodajas

2 dientes de ajo machacados

60 ml/4 cucharadas de salsa de soja

15 ml/1 cucharada de azúcar moreno

5 ml/1 cucharadita de sal

30 ml/2 cucharadas de aceite de maní.

Coloca la carne en un bol, agrega el ajo, la salsa de soja, el azúcar y la sal. Mezclar bien, tapar y dejar marinar durante unas 2 horas, volteando de vez en cuando. Escurrir, desechando la marinada. Calienta el aceite y fríe la carne por todos lados hasta que esté dorada, luego sirve inmediatamente.

Carne guisada con champiñones

Servicios 4

1 kg de pierna de res

sal y pimienta recién molida

60 ml/4 cucharadas de salsa de soja

30ml/2 cucharadas de salsa hoisin

30 ml/2 cucharadas de miel

30 ml/2 cucharadas de vinagre de vino

5 ml/1 cucharadita de pimienta recién molida

5 ml/1 cucharadita de anís molido

5 ml/1 cucharadita de cilantro molido

6 champiñones chinos secos

60 ml/4 cucharadas de aceite de maní (nuez).

5 ml/2 cucharaditas de harina de maíz (almidón de maíz)

15ml/1 cucharada de agua

400 g de tomates enlatados

6 cebolletas (cebolletas), cortadas en tiras

2 zanahorias ralladas

30 ml/2 cucharadas de salsa de ciruela

60 ml/4 cucharadas de cebollino picado

Pincha la carne varias veces con un tenedor. Sazone con sal y pimienta y colóquelo en un bol. Mezclar las salsas con miel, vinagre de vino, pimienta y especias, verter sobre la carne, tapar y dejar marinar toda la noche en el frigorífico.

Remojar los champiñones en agua tibia durante 30 minutos y luego escurrir. Deseche los tallos y corte las tapas. Calentar el aceite y sofreír la carne hasta que esté dorada, dándole vuelta con frecuencia. Mezclar la maicena con agua y agregar a la sartén con los tomates. Llevar a ebullición, tapar y cocinar a fuego lento durante aproximadamente 1 Ω horas hasta que estén tiernos. Agregue las cebolletas y las zanahorias y continúe cocinando durante 10 minutos hasta que las zanahorias estén suaves. Agregue la salsa de ciruela y cocine a fuego lento durante 2 minutos. Retire la carne de la salsa y córtela en rodajas gruesas. Regrese a la salsa para recalentar y luego sirva espolvoreada con cebollino.

Carne frita con fideos

Servicios 4

100 g de fideos finos al huevo

30 ml/2 cucharadas de aceite de maní.

225 g de carne molida magra

30 ml/2 cucharadas de salsa de soja

15 ml/1 cucharada de vino de arroz o jerez seco

2,5 ml/½ cucharadita de sal

2,5 ml/½ cucharadita de azúcar

120 ml/4 oz/½ taza de agua

Remojar la pasta hasta que esté ligeramente blanda, luego escurrirla y cortarla en trozos de 7,5 cm. Calentar la mitad del aceite y sofreír la carne hasta que esté dorada. Agregue salsa de soja, vino o jerez, sal y azúcar y cocine por 2 minutos, luego retírelo de la sartén. Calentar el aceite restante y sofreír la pasta hasta que quede cubierta de aceite. Coloque la mezcla de carne en una olla, agregue agua y deje hervir. Cocine y cocine a fuego lento durante unos 5 minutos hasta que se absorba el líquido.

Carne de res con fideos de arroz

Servicios 4

4 champiñones chinos secos

30 ml/2 cucharadas de aceite de maní.

2,5 ml/¬Ω cucharadita de sal

225 g de carne magra de ternera cortada en rodajas

100 g de brotes de bambú, cortados en rodajas

100 g de apio, cortado en rodajas

1 cebolla, rebanada

120 ml/4 oz/¬Ω taza de caldo de res

2,5 ml/¬Ω cucharadita de azúcar

10 ml/2 cucharaditas de harina de maíz (almidón de maíz)

5 ml/1 cucharadita de salsa de soja

15ml/1 cucharada de agua

100 gramos de fideos de arroz

aceite para freír

Remojar los champiñones en agua tibia durante 30 minutos y luego escurrir. Deseche los tallos y corte las tapas. Calentar la mitad del aceite, sofreír la sal y la carne hasta que se dore ligeramente y luego retirar de la sartén. Calentar el aceite restante y sofreír las verduras hasta que estén blandas. Mezclar el caldo con el azúcar y llevar a ebullición. Vuelva a colocar la carne en la sartén, cubra y cocine a fuego lento durante 3 minutos. Mezcle la harina de maíz, la salsa de soja y el agua, agregue a la olla y cocine a fuego lento, revolviendo, hasta que la mezcla espese. Mientras tanto, sofreír los fideos de arroz en aceite caliente durante unos segundos hasta que estén esponjosos y crujientes y servir con la carne.

Carne De Res Con Cebolla

Servicios 4

60 ml/4 cucharadas de aceite de maní (nuez).

300 g de carne magra de ternera cortada en tiras

100 g de cebolla, cortada en tiras

15 ml/1 cucharada de caldo de pollo

5 ml/1 cucharadita de vino de arroz o jerez seco

5 ml/1 cucharadita de azúcar

5 ml/1 cucharadita de salsa de soja

sal

aceite de sésamo

Calentar el aceite y sofreír la carne y la cebolla a fuego alto hasta que se doren ligeramente. Agrega el caldo, el vino o jerez, el azúcar y la salsa de soja y sofríe rápidamente hasta que estén bien combinados. Antes de servir, sazone con sal y aceite de sésamo.

Carne de res y guisantes

Servicios 4

30 ml/2 cucharadas de aceite de maní.

450 g/1 libra de carne magra de res, cortada en cubitos

2 cebollas, rebanadas

2 tallos de apio, cortados en rodajas

100 g de guisantes frescos o congelados, descongelados

250 ml/8 fl oz/1 taza de caldo de pollo

15 ml/1 cucharada de salsa de soja

15ml/1 cucharada de harina de maíz (almidón de maíz)

Calentar el aceite y sofreír la carne hasta que esté ligeramente dorada. Agrega la cebolla, el apio y los guisantes y sofríe durante 2 minutos. Agrega el caldo y la salsa de soja, deja hervir, tapa y cocina a fuego lento durante 10 minutos. Mezclar la harina de maíz con un poco de agua y agregar a la salsa. Cocine, revolviendo, hasta que la salsa se aclare y espese.

Carne de res crujiente con cebolla frita

Servicios 4

225 g de carne magra

2 cebolletas (cebolletas), picadas

30 ml/2 cucharadas de salsa de soja

30 ml/2 cucharadas de vino de arroz o jerez seco

30 ml/2 cucharadas de aceite de maní.

1 diente de ajo, machacado

5 ml/1 cucharadita de vinagre de vino

unas gotas de aceite de sésamo

Corta la carne en rodajas finas a lo largo de la fibra. Mezcle las cebolletas, la salsa de soja y el vino o jerez, combine con la carne y reserve durante 30 minutos. Escurrir, desechando la marinada. Calentar el aceite de oliva y sofreír los ajos hasta que estén ligeramente dorados. Agrega la carne y fríe hasta que esté dorada. Agregue vinagre y aceite de sésamo, cubra y cocine a fuego lento durante 2 minutos.

Ternera con piel de naranja seca

Servicios 4

450 g/1 libra de carne magra de res, en rodajas finas

5 ml/1 cucharadita de sal

aceite para freír

30 ml/2 cucharadas de aceite de maní.

100 g de piel de naranja seca

2 chiles secos, finamente picados

5 ml/1 cucharadita de pimienta recién molida

45 ml/3 cucharadas de caldo de res

2,5 ml/¬Ω cucharadita de azúcar

15 ml/1 cucharada de vino de arroz o jerez seco

5 ml/1 cucharadita de vinagre de vino

2,5 ml/¬Ω cucharadita de aceite de sésamo

Espolvorea la carne con sal y déjala reposar durante 30 minutos. Calentar el aceite y sofreír la carne hasta que esté medio cocida. Retirar y escurrir bien. Calentar el aceite y sofreír la piel de naranja, el chile y la pimienta durante 1 minuto. Agrega la carne y el caldo y deja hervir. Agrega el azúcar y el vinagre de vino y cocina a fuego lento hasta que esté muy líquido. Mezcle el vinagre de vino y el aceite de sésamo, mezcle bien. Servir sobre hojas de lechuga.

Ternera con salsa de ostras

Servicios 4

15 ml/1 cucharada de aceite de maní (nuez).

2 dientes de ajo machacados

450 g de filete, en rodajas

100 gramos de champiñones

15 ml/1 cucharada de vino de arroz o jerez seco

150 ml/¬° pt/top ¬Ω taza de caldo de pollo

30ml/2 cucharadas de salsa de ostras

5 ml/1 cucharadita de azúcar moreno

sal y pimienta recién molida

4 cebolletas (cebolletas), cortadas en rodajas

15ml/1 cucharada de harina de maíz (almidón de maíz)

Calentar el aceite de oliva y sofreír los ajos hasta que estén ligeramente dorados. Añade el bistec y los champiñones y sofríe hasta que estén ligeramente dorados. Agregue vino o jerez y cocine por 2 minutos. Agrega el caldo, la salsa de ostras y el azúcar, sazona con sal y pimienta. Llevar a ebullición y cocinar a fuego lento, revolviendo ocasionalmente, durante 4 minutos. Agregue las cebolletas. Mezclar la maicena con un poco de agua y revolver en la sartén. Cocine, revolviendo, hasta que la salsa se aclare y espese.

carne a la pimienta

Servicios 4

350 g de carne magra de ternera cortada en tiras

75 ml/5 cucharadas de salsa de soja

75 ml/5 cucharadas de aceite de maní (nuez).

5ml/1 cucharadita de harina de maíz (almidón de maíz)

75ml/5 cucharadas de agua

2 cebollas, rebanadas

5ml/1 cucharadita de salsa de ostras

pimienta recién molida

cestas de pasta

Marinar la carne en salsa de soja, 15 ml/1 cucharada de aceite, maicena y agua durante 1 hora. Retire la carne de la marinada y escúrrala bien. Calentar el aceite restante y sofreír la carne y la cebolla hasta que estén ligeramente doradas. Agrega la marinada y la salsa de ostras, sazona generosamente con pimienta. Llevar a ebullición, tapar y cocinar a fuego lento durante 5 minutos, revolviendo ocasionalmente. Servir con cestas de pasta.

filete de pimiento

Servicios 4

45ml/3 cucharadas de aceite de maní.

5 ml/1 cucharadita de sal

2 dientes de ajo machacados

450 g de lomo cortado en rodajas finas

1 cebolla, rebanada

2 pimientos verdes, picados en trozos grandes

120 ml/4 oz/¬Ω taza de caldo de res

5 ml/1 cucharadita de azúcar moreno

5 ml/1 cucharadita de vino de arroz o jerez seco

sal y pimienta recién molida

30 ml/2 cucharadas de harina de maíz (almidón de maíz)

30 ml/2 cucharadas de salsa de soja

Calentar el aceite de oliva con sal y ajo hasta que el ajo esté ligeramente dorado, luego agregar el filete y sofreír hasta que esté dorado por todos lados. Agrega la cebolla y los pimientos y sofríe por 2 minutos. Agrega el caldo, el azúcar, el vino o el jerez y sazona con sal y pimienta. Llevar a ebullición, tapar y cocinar a fuego lento durante 5 minutos. Mezclar la harina de maíz con la salsa de soja y agregar a la salsa. Cocine, revolviendo, hasta que la salsa se aclare y espese, agregando un poco más de agua si es necesario para que la salsa adquiera la consistencia preferida.

Ternera con pimientos

Servicios 4

350 g de carne magra de ternera cortada en rodajas finas

3 chiles rojos, sin semillas y picados

3 cebolletas (cebolletas), cortadas en trozos pequeños

2 dientes de ajo machacados

15ml/1 cucharada de salsa de frijoles negros

1 zanahoria, cortada en rodajas

3 pimientos verdes, cortados en trozos

sal

15 ml/1 cucharada de aceite de maní (nuez).

5 ml/1 cucharadita de salsa de soja

45ml/3 cucharadas de agua

5 ml/1 cucharadita de vino de arroz o jerez seco

5ml/1 cucharadita de harina de maíz (almidón de maíz)

Marina la carne con chile, cebolleta, ajo, salsa de frijoles negros y zanahoria durante 1 hora. Blanquear los pimientos en agua hirviendo con sal durante 3 minutos y luego escurrirlos bien. Calienta el aceite y fríe la mezcla de carne durante 2 minutos. Agrega los pimientos y sofríe durante 3 minutos. Agrega salsa de soja, agua y vino o jerez. Mezclar la harina de maíz con un poco de agua, verter en una olla y cocinar a fuego lento, revolviendo, hasta que la salsa espese.

Tiras de ternera fritas con pimientos verdes

Servicios 4

225 g de carne molida magra

1 clara de huevo

15ml/1 cucharada de harina de maíz (almidón de maíz)

2,5 ml/¬Ω cucharadita de sal

5 ml/1 cucharadita de vino de arroz o jerez seco

2,5 ml/¬Ω cucharadita de azúcar

aceite para freír

30 ml/2 cucharadas de aceite de maní.

2 chiles rojos, cortados en cubitos

2 rodajas de raíz de jengibre, picadas

15 ml/1 cucharada de salsa de soja

2 pimientos verdes grandes, cortados en cubitos

Cclocar la carne en un bol con la clara de huevo, maicena, sal, vino o jerez y azúcar y dejar marinar 30 minutos. Calentar el aceite y sofreír la carne hasta que esté ligeramente dorada. Retirar de la sartén y escurrir bien. Calentar el aceite y sofreír la guindilla y el jengibre unos segundos. Agrega la carne y la salsa de soja y sofríe hasta que estén suaves. Agrega los pimientos verdes, mezcla bien y sofríe durante 2 minutos. Servir inmediatamente.

Ternera con encurtidos chinos

Servicios 4

100 g de pepinillos chinos, picados

Filete magro de 450 g/1 libra, cortado a lo largo de la fibra

30 ml/2 cucharadas de salsa de soja

5 ml/1 cucharadita de sal

2,5 ml/¬Ω cucharadita de pimienta recién molida

60 ml/4 cucharadas de aceite de maní (nuez).

15ml/1 cucharada de harina de maíz (almidón de maíz)

Mezclar bien todos los ingredientes y colocar en un recipiente resistente al calor. Coloca el bol sobre una rejilla en la vaporera, tapa y cocina a fuego lento durante 40 minutos hasta que la carne esté cocida.

Filete con patatas

Servicios 4

Filete 450 g/1 libra

60 ml/4 cucharadas de aceite de maní (nuez).

5 ml/1 cucharadita de sal

2,5 ml/¬Ω cucharadita de pimienta recién molida

1 cebolla, picada

1 diente de ajo, machacado

225 g de patatas cortadas en cubos

175ml/6oz/taza de caldo de res

250ml/8oz/1 taza de hojas de apio picadas

30 ml/2 cucharadas de harina de maíz (almidón de maíz)

15 ml/1 cucharada de salsa de soja

60ml/4 cucharadas de agua

Cortar el filete en tiras y luego en hojuelas finas a lo largo de la fibra. Calentar el aceite de oliva y sofreír el filete, la sal, la pimienta, la cebolla y el ajo hasta que estén dorados. Añade las patatas y el caldo, deja hervir, tapa y cocina a fuego lento durante 10 minutos. Agregue las hojas de apio y cocine a fuego lento durante unos 4 minutos hasta que estén suaves. Mezcle la harina de maíz, la salsa de soja y el agua hasta formar una pasta, agréguela a la sartén y cocine a fuego lento, revolviendo, hasta que la salsa se aclare y espese.

Carne Roja Cocida

Servicios 4

450 g/1 libra de carne magra

120 ml/4 oz/¬Ω taza de salsa de soja

60 ml/4 cucharadas de vino de arroz o jerez seco

15 ml/1 cucharada de azúcar moreno

375 ml/13 fl oz/1 ohmio vaso de agua

Coloque la carne, la salsa de soja, el vino o jerez y el azúcar en una cacerola de fondo grueso y déjela hervir. Cubra y cocine a fuego lento durante 10 minutos, volteando una o dos veces. Agrega agua y deja que hierva. Tape y cocine a fuego lento durante aproximadamente 1 hora hasta que la carne esté tierna, agregando un poco de agua hirviendo durante la cocción si es necesario si la carne está demasiado seca. Servir caliente o frío.

carne sabrosa

Servicios 4

30 ml/2 cucharadas de aceite de maní.

450 g/1 libra de carne magra de res, cortada en cubitos

2 cebolletas (cebolletas), cortadas en rodajas

2 dientes de ajo machacados

1 rodaja de raíz de jengibre, picada

2 semillas de anís estrellado, trituradas

250ml/8oz/1 taza de salsa de soja

30 ml/2 cucharadas de vino de arroz o jerez seco

30 ml/2 cucharadas de azúcar moreno

5 ml/1 cucharadita de sal

Vasos de agua 600 ml/1 pt/2 ¬Ω

Calentar el aceite y sofreír la carne hasta que esté ligeramente dorada. Escurrir el exceso de aceite, añadir las cebolletas, el ajo, el jengibre y el anís estrellado y sofreír durante 2 minutos. Agrega la salsa de soja, el vino o jerez, el azúcar y la sal y mezcla bien. Agregue agua, hierva, cubra y cocine a fuego lento durante 1 hora. Retire la tapa y cocine a fuego lento hasta que la salsa se reduzca.

Suelo

Servicios 4

750 g de carne magra de ternera cortada en cubos

250 ml/8 fl oz/1 taza de caldo de res

120 ml/4 oz/¬Ω taza de salsa de soja

60 ml/4 cucharadas de vino de arroz o jerez seco

45ml/3 cucharadas de aceite de maní.

Coloque la carne, el caldo, la salsa de soja y el vino o jerez en una cacerola de fondo grueso. Llevar a ebullición y cocinar, revolviendo, hasta que el líquido se evapore. Dejar enfriar y luego refrigerar. Triture la carne con dos tenedores. Calentar el aceite, luego agregar la carne y sofreír rápidamente hasta cubrir de aceite. Continúe cocinando a fuego medio hasta que la carne esté completamente seca. Dejar enfriar y servir con pasta o arroz.

Carne molida al estilo familiar

Servicios 4

225 g de carne molida

15 ml/1 cucharada de salsa de soja

15 ml/1 cucharada de salsa de ostras

45ml/3 cucharadas de aceite de maní.

1 rodaja de raíz de jengibre, picada

1 pimiento rojo, picado

4 tallos de apio, cortados en diagonal

15 ml/1 cucharada de salsa de frijoles picante

5 ml/1 cucharadita de sal

15 ml/1 cucharada de vino de arroz o jerez seco

5ml/1 cucharadita de aceite de sésamo

5 ml/1 cucharadita de vinagre de vino

pimienta recién molida

Coloca la carne en un bol con salsa de soja y ostras y deja marinar durante 30 minutos. Calentar el aceite y freír la carne hasta que esté ligeramente dorada, luego retirarla de la sartén. Agrega el jengibre y el chile y sofríe por unos segundos. Agrega el apio y sofríe hasta que esté medio cocido. Agregue la carne, la salsa picante de frijoles y la sal y mezcle bien. Añade el vino o jerez, el aceite de sésamo y el vinagre y sofríe hasta que la carne esté tierna y los ingredientes bien mezclados. Servir espolvoreado con pimienta.

Carne picada sazonada

Servicios 4

90 ml/6 cucharadas de aceite de maní.

450 g de carne magra de ternera cortada en tiras

50 g de pasta de chile

pimienta recién molida

15ml/1 cucharada de raíz de jengibre molida

30 ml/2 cucharadas de vino de arroz o jerez seco

225 g de apio, cortado en cubos

30 ml/2 cucharadas de salsa de soja

5 ml/1 cucharadita de azúcar

5 ml/1 cucharadita de vinagre de vino

Calentar el aceite y sofreír la carne hasta que esté dorada. Agrega la pasta de chile y la pimienta y sofríe por 3 minutos. Agrega el jengibre, el vino o el jerez y el apio y mezcla bien. Agrega la salsa de soja, el azúcar y el vinagre y sofríe durante 2 minutos.

Carne de res marinada con espinacas

Servicios 4

450 g/1 libra de carne magra de res, en rodajas finas

45 ml/3 cucharadas de vino de arroz o jerez seco

15 ml/1 cucharada de salsa de soja

5 ml/1 cucharadita de azúcar

2,5 ml/¬Ω cucharadita de aceite de sésamo

450 g/1 libra de espinacas

45ml/3 cucharadas de aceite de maní.

2 rodajas de raíz de jengibre, picadas

30 ml/2 cucharadas de caldo de res

5ml/1 cucharadita de harina de maíz (almidón de maíz)

Aplana ligeramente la carne presionando con los dedos. Agrega vino o jerez, salsa de soja, jerez y aceite de sésamo. Agrega la carne, tapa y refrigera por 2 horas, revolviendo ocasionalmente. Corta las hojas de espinaca en trozos grandes y los tallos en rodajas gruesas. Calentar 30 ml/2 cucharadas de aceite y sofreír los tallos de espinacas y el jengibre durante 2 minutos. Retirar de la sartén.

Calienta el aceite restante. Escurre la carne y reserva la marinada. Coloca la mitad de la carne en la sartén, separando las rodajas para que no se superpongan. Freír durante unos 3 minutos hasta que estén ligeramente dorados por ambos lados. Retirar de la sartén y dorar el resto de la carne, luego retirar de la sartén. Combine el caldo y la maicena con la marinada. Agrega la mezcla a la olla y deja hervir. Agrega las hojas de espinaca, los tallos y el jengibre. Cocine a fuego lento durante unos 3 minutos hasta que las espinacas se ablanden, luego agregue la carne. Cocine por un minuto más y sirva inmediatamente.

Carne de frijoles negros con cebolletas

Servicios 4

225 g de carne magra de ternera cortada en rodajas finas

1 huevo, ligeramente batido

5 ml/1 cucharadita de salsa de soja ligera

2,5 ml/¬Ω cucharadita de vino de arroz o jerez seco

2,5 ml/¬Ω cucharadita de harina de maíz (almidón de maíz)

250ml/8oz/1 taza de aceite de maní.

2 dientes de ajo machacados

30 ml/2 cucharadas de salsa de frijoles negros

15ml/1 cucharada de agua

6 cebolletas (cebollas), cortadas en diagonal

2 rodajas de raíz de jengibre, picadas

Mezclar la carne con huevo, salsa de soja, vino o jerez y maicena. Dejar actuar 10 minutos. Calentar el aceite y sofreír la carne hasta que esté casi cocida. Retirar de la sartén y escurrir bien. Rocíe todo menos 15 ml/1 cucharada de aceite, caliente y luego fría la salsa de ajo y frijoles negros durante

30 segundos. Agrega la carne y el agua y sofríe durante unos 4 minutos hasta que la carne esté suave.

Mientras tanto, calentar otros 15 ml/1 cucharada de aceite y sofreír brevemente la cebolleta y el jengibre. Coloca la carne en una bandeja para horno caliente, decora con cebollino y sirve.

Ternera frita con cebolleta

Servicios 4

45ml/3 cucharadas de aceite de maní.

225 g de carne magra de ternera cortada en rodajas finas

8 cebolletas (cebolletas), cortadas en rodajas

75 ml/5 cucharadas de salsa de soja

15 ml/1 cucharada de vino de arroz o jerez seco

30 ml/2 cucharadas de aceite de sésamo

Calentar el aceite y sofreír la carne y la cebolla hasta que estén ligeramente doradas. Agrega salsa de soja y vino o jerez y cocina hasta que la carne esté cocida a tu gusto. Antes de servir, agregue aceite de sésamo.

Ternera y cebolleta con salsa de pescado

Servicios 4

350 g de carne magra de ternera cortada en rodajas finas

15ml/1 cucharada de harina de maíz (almidón de maíz)

15ml/1 cucharada de agua

2,5 ml/¬Ω cucharadita de vino de arroz o jerez seco

un poco de bicarbonato de sodio (bicarbonato de sodio)

pizca de sal

45ml/3 cucharadas de aceite de maní.

6 cebolletas (cebolletas), cortadas en 5 cm/2 trozos

2 dientes de ajo machacados

2 rodajas de jengibre, picadas

5 ml/1 cucharadita de salsa de pescado

2,5 ml/¬Ω cucharadita de salsa de ostras

Marinar la carne en maicena, agua, vino o jerez, bicarbonato de sodio y sal durante 1 hora. Calentar 30 ml/2 cucharadas de aceite y sofreír la carne con la mitad de la cebolleta, la mitad del ajo y el jengibre hasta que estén doradas. Mientras tanto, calentar el aceite de oliva restante y sofreír el resto de la cebolleta, el ajo y el jengibre con la salsa de pescado y la salsa de ostras hasta que estén tiernos. Mezclar ambos ingredientes y recalentar antes de servir.

carne de res al vapor

Servicios 4

450 g/1 libra de carne magra de res, en rodajas

5ml/1 cucharadita de harina de maíz (almidón de maíz)

2 rodajas de raíz de jengibre, picadas

15 ml/1 cucharada de salsa de soja

15 ml/1 cucharada de vino de arroz o jerez seco

2,5 ml/¬Ω cucharadita de sal

2,5 ml/¬Ω cucharadita de azúcar

15 ml/1 cucharada de aceite de maní (nuez).

2 cebolletas (cebolletas), picadas

15 ml/1 cucharada de perejil de hoja plana picado

Coloca la carne en un bol. Mezcle la maicena, el jengibre, la salsa de soja, el vino o jerez, la sal y el azúcar y mezcle con la carne. Deje reposar durante 30 minutos, revolviendo ocasionalmente. Coloque las rodajas de carne en una fuente para horno poco profunda, rocíe con aceite de oliva y cebolleta. Cocine sobre una rejilla sobre agua hirviendo durante unos 40 minutos hasta que la carne esté cocida. Servir espolvoreado con perejil.

Estofado de res

Servicios 4

15 ml/1 cucharada de aceite de maní (nuez).

1 diente de ajo, machacado

1 rodaja de raíz de jengibre, picada

450 g/1 libra de filete guisado, cortado en cubitos

45 ml/3 cucharadas de salsa de soja

30 ml/2 cucharadas de vino de arroz o jerez seco

15 ml/1 cucharada de azúcar moreno

300 ml/¬Ω pt/1¬° taza de caldo de pollo

2 cebollas, rebanadas

2 zanahorias, cortadas en rodajas gruesas

100 g de repollo, picado

Calentar el aceite de oliva con el ajo y el jengibre y sofreír hasta que el ajo esté ligeramente dorado. Agrega el bistec y sofríe durante 5 minutos hasta que esté dorado. Agregue la salsa de soja, el vino o jerez y el azúcar, tape y cocine a fuego lento durante 10 minutos. Agrega el caldo, lleva a ebullición, tapa y cocina por unos 30 minutos. Agrega la cebolla, la zanahoria y el repollo, tapa y cocina a fuego lento durante otros 15 minutos.

gulash de caldo

Servicios 4

450 g / 1 libra de pechuga de res

45ml/3 cucharadas de aceite de maní.

3 cebolletas (cebolletas), cortadas en rodajas

2 rodajas de raíz de jengibre, picadas

1 diente de ajo, machacado

120 ml/4 oz/½ taza de salsa de soja

5 ml/1 cucharadita de azúcar

45 ml/3 cucharadas de vino de arroz o jerez seco

3 piezas de anís estrellado

4 zanahorias, cortadas en cubitos

225 g/8 oz de col china

15ml/1 cucharada de harina de maíz (almidón de maíz)

45ml/3 cucharadas de agua

Coloca la carne en la sartén y simplemente vierte agua sobre ella. Llevar a ebullición, tapar y cocinar a fuego lento durante aproximadamente 1 ½ hora, hasta que la carne esté tierna. Retirar de la sartén y escurrir bien. Cortar en dados de 1 cm y reservar 250 ml de caldo.

Calentar el aceite de oliva y sofreír la cebolla, el jengibre y el ajo durante unos segundos. Agrega la salsa de soja, el azúcar, el vino o jerez y el anís estrellado y mezcla bien. Agregue la carne y el caldo reservado. Llevar a ebullición, tapar y cocinar a fuego lento durante 20 minutos. Mientras tanto, cocine el bok choy en agua hirviendo hasta que esté tierno. Coloque la carne y las verduras en un plato caliente. Mezcle la harina de maíz y el agua hasta formar una pasta, combine con la salsa y cocine a fuego lento, revolviendo, hasta que la salsa se aclare y espese. Vierta sobre la carne y sirva con bok choy.

Carne frita

Servicios 4

225 g de carne magra

45ml/3 cucharadas de aceite de maní.

1 rodaja de raíz de jengibre, picada

2 dientes de ajo machacados

2 cebolletas (cebolletas), picadas

50 g de champiñones cortados en rodajas

1 pimiento rojo, rebanado

225 g de floretes de coliflor

50 g/2 oz de guisantes (guisantes)

30 ml/2 cucharadas de salsa de soja

15ml/1 cucharada de harina de maíz (almidón de maíz)

15 ml/1 cucharada de vino de arroz o jerez seco

120 ml/4 oz/¬Ω taza de caldo de res

Corta la carne en rodajas finas a lo largo de la fibra. Calentar la mitad del aceite de oliva y sofreír el jengibre, el ajo y la cebolleta hasta que se doren ligeramente. Agrega la carne y fríe hasta que esté dorada, luego retira de la sartén. Calentar el aceite restante y sofreír las verduras hasta que queden cubiertas de aceite. Agregue el caldo, hierva, tape y cocine a fuego lento hasta que las verduras estén suaves pero aún crujientes. Mezcle la salsa de soja, la maicena y el vino o jerez y revuelva en la sartén. Cocine, revolviendo, hasta que la salsa espese.

tiras de bistec

Servicios 4

Filete de pierna 450 g/1 lb

120 ml/4 oz/¬Ω taza de salsa de soja

120ml/4oz/taza de caldo de pollo

1 cm/¬Ω por rodaja de raíz de jengibre

2 dientes de ajo machacados

30 ml/2 cucharadas de vino de arroz o jerez seco

15 ml/1 cucharada de azúcar moreno

15 ml/1 cucharada de aceite de maní (nuez).

Cure el bistec en el congelador y luego córtelo en rodajas largas y finas. Mezclar todos los ingredientes restantes y marinar el filete en la mezcla durante aproximadamente 6 horas. Enhebre el bistec en brochetas de madera empapadas y cocínelo a la parrilla durante unos minutos hasta que esté cocido a su gusto, untándolo con la marinada de vez en cuando.

Carne de res al vapor con batatas

Servicios 4

450 g/1 libra de carne magra de res, en rodajas finas

15ml/1 cucharada de salsa de frijoles negros

15 ml/1 cucharada de salsa de judías dulces

15 ml/1 cucharada de salsa de soja

5 ml/1 cucharadita de azúcar

2 rodajas de raíz de jengibre, picadas

2 batatas, cortadas en cubitos

30 ml/2 cucharadas de aceite de maní.

100 g de pan rallado

15 ml/1 cucharada de aceite de sésamo

3 cebolletas (cebolletas), cortadas en rodajas finas

Coloca la carne en un bol con las salsas de frijoles, salsa de soja, azúcar y jengibre y deja marinar durante 30 minutos. Retire la carne de la marinada y agregue las batatas. Dejar actuar 20 minutos. Coloque las patatas en el fondo de una pequeña vaporera de bambú. Rebozar la carne con pan rallado y colocarla sobre las patatas. Cubra y cocine al vapor sobre agua hirviendo durante 40 minutos.

Calentar el aceite de sésamo y sofreír la cebolla unos segundos. Vierta sobre la carne y sirva.

Filete de ternera

Servicios 4

450 g/1 libra de carne magra

45 ml/3 cucharadas de vino de arroz o jerez seco

15 ml/1 cucharada de salsa de soja

10 ml/2 cucharaditas de salsa de ostras

5 ml/1 cucharadita de azúcar

5ml/1 cucharadita de harina de maíz (almidón de maíz)

2,5 ml/¬Ω cucharadita de bicarbonato de sodio (bicarbonato de sodio)

pizca de sal

1 diente de ajo, machacado

30 ml/2 cucharadas de aceite de maní.

2 cebollas, cortadas en rodajas finas

Cortar la carne a lo largo de la fibra en rodajas finas. Mezcla vino o jerez, salsa de soja, salsa de ostras, azúcar, maicena, bicarbonato de sodio, sal y ajo. Agrega la carne, tapa y refrigera por al menos 3 horas. Calentar el aceite y sofreír la cebolla unos 5 minutos hasta que esté dorada. Transfiera a una bandeja tibia y manténgala caliente. Agrega un poco de carne al wok, separando las rodajas para que no se superpongan. Freír durante unos 3 minutos por cada lado hasta que estén dorados, luego agregar la cebolla encima y seguir sofriendo el resto de la carne.

tostada de ternera

Servicios 4

4 rebanadas de carne magra

1 huevo batido

50 g de nueces picadas

4 rebanadas de pan

aceite para freír

Aplana las lonchas de ternera y úntalas bien con huevo. Espolvorea con nueces y coloca una rebanada de pan encima. Calentar el aceite y sofreír la carne y las rebanadas de pan durante unos 2 minutos. Retirar del aceite y enfriar. Calentar el aceite y volver a freír hasta que estén doradas.

Tofu de carne molida

Servicios 4

225 g de carne molida magra

1 clara de huevo

2,5 ml/½ cucharadita de aceite de sésamo

5ml/1 cucharadita de harina de maíz (almidón de maíz)

pizca de sal

250ml/8oz/1 taza de aceite de maní.

100 g de tofu seco, cortado en tiras

5 chiles rojos, cortados en tiras

15ml/1 cucharada de agua

1 rodaja de raíz de jengibre, picada

10 ml/2 cucharaditas de salsa de soja

Mezclar la carne con la clara de huevo, la mitad del aceite de sésamo, la maicena y la sal. Calentar el aceite y sofreír la carne hasta que esté casi cocida. Retirar de la sartén. Agrega el tofu a la sartén y fríe durante 2 minutos, luego retíralo de la sartén. Agrega el chile y sofríe por 1 minuto. Vuelve a colocar el tofu en la sartén con el agua, el jengibre y la salsa de soja y mezcla bien. Agrega la carne y sofríe hasta que esté todo bien mezclado. Sirva rociado con el aceite de sésamo restante.

Ternera con tomate

Servicios 4

30 ml/2 cucharadas de aceite de maní.

3 cebolletas (cebolletas), cortadas en trozos pequeños

225 g de carne magra de ternera cortada en tiras

60 ml/4 cucharadas de caldo de res

15ml/1 cucharada de harina de maíz (almidón de maíz)

45ml/3 cucharadas de agua

4 tomates, pelados y cortados en cuartos

Calentar el aceite y sofreír la cebolla hasta que esté blanda. Agrega la carne y fríe hasta que esté dorada. Vierta el caldo, lleve a ebullición, tape y cocine a fuego lento durante 2 minutos. Mezclar la harina de maíz con agua, revolver en la sartén y cocinar a fuego lento, revolviendo, hasta que la salsa espese. Agregue los tomates y cocine a fuego lento hasta que estén completamente calientes.

Carne Roja Hervida Con Nabo

Servicios 4

450 g/1 libra de carne magra

1 rodaja de raíz de jengibre, picada

1 cebolleta picada 120 ml/4 oz/¬Ω taza de vino de arroz o jerez seco

250ml/8oz/1 taza de agua

2 piezas de anís estrellado

1 nabo pequeño, cortado en cubitos

120 ml/4 oz/¬Ω taza de salsa de soja

15 ml/1 cucharada de azúcar

Coloque la carne, el jengibre, el cebollino, el vino o jerez, el agua y el anís en una olla de fondo grueso, hierva, tape y cocine a fuego lento durante 45 minutos. Agrega los nabos, la salsa de soja y el azúcar, un poco más de agua si es necesario, lleva nuevamente a ebullición, tapa y cocina a fuego lento otros 45 minutos hasta que la carne esté tierna. Deja que se enfríe. Retire la carne y el nabo de la salsa. Cortar la carne y colocar en un plato con el nabo. Colar la salsa y servir fría.

Carne De Res Con Verduras

Servicios 4

225 g de carne magra

15ml/1 cucharada de harina de maíz (almidón de maíz)

15 ml/1 cucharada de salsa de soja

15 ml/1 cucharada de vino de arroz o jerez seco

2,5 ml/¬Ω cucharadita de azúcar

45ml/3 cucharadas de aceite de maní.

1 rodaja de raíz de jengibre, picada

2,5 ml/¬Ω cucharadita de sal

100 g de cebolla, cortada en rodajas

2 tallos de apio, cortados en rodajas

1 pimiento rojo, rebanado

100 g de brotes de bambú, cortados en rodajas

100 g de zanahorias, cortadas en rodajas

120 ml/4 oz/¬Ω taza de caldo de res

Cortar la carne en rodajas finas y colocar en un bol. Mezcle maicena, salsa de soja, vino o jerez y azúcar, vierta sobre la carne y mezcle. Dejar reposar durante 30 minutos, volteando de vez en cuando. Calentar la mitad del aceite y freír la carne hasta que esté dorada, luego retirar de la sartén. Calentar el aceite restante, agregar el jengibre y la sal, luego agregar las verduras y sofreír hasta que estén cubiertas de aceite. Agregue el caldo, hierva, tape y cocine a fuego lento hasta que las verduras estén suaves pero aún crujientes. Regrese la carne a la sartén y revuelva a fuego lento durante aproximadamente 1 minuto para que se caliente.

Estofado de res

Servicios 4

Rollo de ternera 350 g/12 oz

30 ml/2 cucharadas de azúcar

30 ml/2 cucharadas de vino de arroz o jerez seco

30 ml/2 cucharadas de salsa de soja

5 ml/1 cucharadita de canela

2 cebolletas (cebolletas), picadas

1 rodaja de raíz de jengibre, picada

45ml/3 cucharadas de aceite de sésamo

Hierva una olla con agua, agregue la carne, vuelva a hervir el agua y déjela hervir rápidamente para sellar la carne. Retirar de la sartén. Coloca la carne en una sartén limpia y agrega el resto de los ingredientes, reservando 15 ml/1 cucharada de aceite de sésamo. Llene la olla con agua suficiente para cubrir la carne, lleve a ebullición, tape y cocine a fuego lento durante aproximadamente 1 hora hasta que la carne esté tierna. Antes de servir, rocíe con el aceite de sésamo restante.

filete relleno

Servicios 4-6

Filete de 675 g/1 Ω lb en una sola pieza

60 ml/4 cucharadas de vinagre de vino

30 ml/2 cucharadas de azúcar

10 ml/2 cucharaditas de salsa de soja

2,5 ml/¬Ω cucharadita de pimienta recién molida

2,5 ml/¬Ω cucharadita de clavo entero

5 ml/1 cucharadita de canela molida

1 hoja de laurel, triturada

225 g de arroz de grano largo cocido

5 ml/1 cucharadita de perejil fresco picado

pizca de sal

30 ml/2 cucharadas de aceite de maní.

30 ml/2 cucharadas de manteca de cerdo

1 cebolla, rebanada

Coloque el bistec en un tazón grande. Hervir en una olla el vinagre de vino, el azúcar, la salsa de soja, la pimienta, el clavo, la canela y las hojas de laurel y dejar enfriar. Vierta sobre el filete, cubra y deje marinar en el refrigerador durante la noche, volteándolo de vez en cuando.

Mezclar arroz, perejil, sal y aceite. Escurre la carne y extiende la mezcla sobre el filete, enróllalo y átalo bien con un hilo. Derretir la manteca, añadir la cebolla y el filete y sofreír por todos lados hasta que se doren. Vierta suficiente agua para casi cubrir el bistec, tape y cocine a fuego lento durante 1 Ω hora o hasta que la carne esté tierna.

bolas de carne

Servicios 4

450 g/1 libra de harina común (para todo uso).

1 paquete de levadura Easy Mix

10 ml/2 cucharaditas de azúcar granulada

5 ml/1 cucharadita de sal

300 ml/½ pt/1¼ vaso de leche o agua caliente

30 ml/2 cucharadas de aceite de maní.

225 g/8 oz de carne molida (molida).

1 cebolla, picada

2 trozos de tallo de jengibre, picados

50 g de anacardos picados

2,5 ml/½ cucharadita de cinco sabores en polvo

15 ml/1 cucharada de salsa de soja

30ml/2 cucharadas de salsa hoisin

2,5 ml/½ cucharadita de vinagre de vino

15ml/1 cucharada de harina de maíz (almidón de maíz)

45ml/3 cucharadas de agua

Mezclar harina, levadura, azúcar, sal, leche tibia o agua y amasar hasta obtener una masa suave. Tapar y reservar en un lugar cálido durante 45 minutos. Calentar el aceite y sofreír la carne hasta que esté ligeramente dorada. Agregue la cebolla, el jengibre, los anacardos, las cinco especias en polvo, la salsa de soja, la salsa hoisin y el vinagre de vino y deje hervir. Mezcle la harina de maíz con agua, agregue a la salsa y cocine a fuego lento durante 2 minutos. Deja que se enfríe. Forme 16 bolas con la masa. Aplanar, verter un poco de relleno en cada uno y cerrar la masa alrededor del relleno. Colóquelo en una cesta humeante en un wok o sartén, cubra y cocine al vapor en agua con sal durante unos 30 minutos.

Albóndigas crujientes

Servicios 4

225 g/8 oz de carne molida (molida).

100 g de castañas de agua picadas

2 huevos batidos

5 ml/1 cucharadita de piel de naranja rallada

5ml/1 cucharadita de raíz de jengibre molida

5 ml/1 cucharadita de sal

15ml/1 cucharada de harina de maíz (almidón de maíz)

225 g / 8 oz / 2 tazas de harina común (para todo uso).

5ml/1 cucharadita de levadura en polvo

300 ml/¬Ω pt/1¬Ω vaso de agua

15 ml/1 cucharada de aceite de maní (nuez).

aceite para freír

Mezclar la carne de res, las castañas de agua, 1 huevo, la ralladura de naranja, el jengibre, la sal y la maicena. Formar bolitas. Coloque en un recipiente en una olla sobre agua hirviendo y cocine al vapor durante unos 20 minutos hasta que esté cocido. Deja que se enfríe.

Mezcle la harina, el polvo para hornear, el huevo restante, el agua y el aceite de maní para hacer una masa espesa.

Sumerge las albóndigas en la masa. Calentar el aceite y sofreír las albóndigas hasta que estén doradas.

Carne picada con anacardos

Servicios 4

450 g/1 lb de carne molida (molida).

¬Ω clara de huevo

5ml/1 cucharadita de salsa de ostras

5 ml/1 cucharadita de salsa de soja ligera

unas gotas de aceite de sésamo

25 g de perejil fresco picado

45ml/3 cucharadas de aceite de maní.

25 g/1 oz/½ taza de anacardos picados

15 ml/1 cucharada de caldo de res

4 hojas grandes de lechuga

Mezclar la carne con las claras, la salsa de ostras, la salsa de soja, el aceite de sésamo y el perejil y dejar enfriar. Calentar la mitad del aceite y sofreír los anacardos hasta que estén ligeramente dorados, luego retirar de la sartén. Calentar el aceite restante y freír la mezcla de carne hasta que esté dorada. Agrega humo y continúa friendo hasta que se haya evaporado casi todo el líquido. Coloca las hojas de lechuga en una bandeja caliente y vierte sobre la carne. Servir espolvoreado con anacardos fritos.

Carne de res en salsa roja

Servicios 4

60 ml/4 cucharadas de aceite de maní (nuez).

450 g/1 lb de carne molida (molida).

1 cebolla, picada

1 pimiento rojo, picado

1 pimiento verde, picado

2 rodajas de piña, picadas

45 ml/3 cucharadas de salsa de soja

45 ml/3 cucharadas de vino blanco seco

30 ml/2 cucharadas de vinagre de vino

30 ml/2 cucharadas de miel

300 ml/¬Ω pt/1¬° taza de caldo de res

sal y pimienta recién molida

unas gotas de aceite de chile

Calentar el aceite y sofreír la carne hasta que esté ligeramente dorada. Agrega las verduras y la piña y sofríe durante 3 minutos. Agrega la salsa de soja, el vino, el vinagre de vino, la miel y el caldo. Llevar a ebullición, tapar y cocinar a fuego lento durante 30 minutos hasta que estén tiernos. Sazone al gusto con sal, pimienta y aceite de chile.

Albóndigas de ternera con arroz pegajoso

Servicios 4

225 g de arroz glutinoso

450 g / 1 libra de carne magra, molida (molida)

1 rodaja de raíz de jengibre, picada

1 cebolla pequeña, picada

1 huevo, ligeramente batido

15 ml/1 cucharada de salsa de soja

2,5 ml/¬Ω cucharadita de harina de maíz (almidón de maíz)

2,5 ml/¬Ω cucharadita de azúcar

2,5 ml/¬Ω cucharadita de sal

5 ml/1 cucharadita de vino de arroz o jerez seco

Remojar el arroz durante 30 minutos, luego escurrir y disponer en un plato. Mezcle carne de res, jengibre, cebolla, huevo, salsa de soja, harina de maíz, azúcar, sal y vino o jerez. Formar bolitas del tamaño de una nuez. Sumerge las patatas en el arroz hasta cubrirlas por completo, luego colócalas en una fuente para horno poco profunda, dejando espacio entre ellas. Cocine sobre una rejilla sobre agua hirviendo durante 30 minutos. Servir con salsa de soja y salsa de mostaza china.

Albóndigas con salsa agridulce

Servicios 4

450 g/1 lb de carne molida (molida).

1 cebolla, finamente picada

25 g de castañas de agua, finamente picadas

15 ml/1 cucharada de salsa de soja

15 ml/1 cucharada de vino de arroz o jerez seco

1 huevo batido

100 g / 4 oz / ¬Ω taza de harina de maíz (maicena)

aceite para freír

Para la salsa:

15 ml/1 cucharada de aceite de maní (nuez).

1 pimiento verde, cortado en cubitos

100 g de trozos de piña en almíbar

100 g/4 oz de encurtidos chinos dulces mixtos

100 g/4 oz/¬Ω taza de azúcar moreno

120ml/4oz/taza de caldo de pollo

60 ml/4 cucharadas de vinagre de vino

15 ml/1 cucharada de puré de tomate (pasta)

15ml/1 cucharada de harina de maíz (almidón de maíz)

15 ml/1 cucharada de salsa de soja

sal y pimienta recién molida

45 ml/3 cucharadas de coco rallado

Mezclar carne de res, cebolla, castañas de agua, salsa de soja y vino o jerez. Formar bolitas y rebozarlas en huevo batido y luego en harina de maíz. Freír en aceite caliente durante unos minutos hasta que estén doradas. Transfiera a una bandeja tibia y manténgala caliente.

Mientras tanto, calentar el aceite y sofreír los pimientos durante 2 minutos. Agrega 30 ml/2 cucharadas de almíbar de piña, 15 ml/1 cucharada de vinagre encurtido, azúcar, caldo, vinagre de vino, puré de tomate, harina de maíz y salsa de soja. Mezcle bien, lleve a ebullición y cocine a fuego lento, revolviendo, hasta que la mezcla se aclare y espese. Escurre el resto de la piña y los pepinillos y agrégalos a la sartén. Cocine a fuego lento, revolviendo, durante 2 minutos. Vierta sobre las albóndigas y sirva espolvoreadas con coco.

Budín de carne al vapor

Servicios 4

6 champiñones chinos secos

225 g/8 oz de carne molida (molida).

225 g de carne de cerdo picada (picada).

1 cebolla, picada

20 ml/2 cucharadas de chutney de mango

30ml/2 cucharadas de salsa hoisin

30 ml/2 cucharadas de salsa de soja

5 ml/1 cucharadita de cinco especias en polvo

1 diente de ajo, machacado

5 ml/1 cucharadita de sal

1 huevo batido

45ml/3 cucharadas de harina de maíz (almidón de maíz)

60 ml/4 cucharadas de cebollino picado

10 hojas de col

300 ml/¬Ω pt/1¬° taza de caldo de res

Remojar los champiñones en agua tibia durante 30 minutos y luego escurrir. Deseche las tapas y córtelas. Mezclar la carne picada con la cebolla, el chutney, la salsa hoisin, la salsa de soja, el polvo de cinco especias y el ajo, sazonar con sal. Agrega el huevo y la maicena y mezcla con el cebollino. Forre la cesta humeante con hojas de col. Formar un bizcocho con la carne picada y colocarlo sobre las hojas.

Tape y cocine a fuego lento sobre el caldo de res durante 30 minutos.

Carne picada al vapor

Servicios 4

450 g/1 lb de carne molida (molida).

2 cebollas, finamente picadas

100 g de castañas de agua, aprox.

Cortado

60 ml/4 cucharadas de salsa de soja

60 ml/4 cucharadas de vino de arroz o jerez seco

sal y pimienta recién molida

Mezclar todos los ingredientes, sazonar con sal y pimienta al gusto. Colóquelo en un recipiente pequeño resistente al calor y colóquelo en una vaporera sobre agua hirviendo.

Tapa y cocina al vapor durante unos 20 minutos, hasta que la carne esté cocida y el plato tenga una salsa deliciosa.

Carne molida frita con salsa de ostras

Servicios 4

30 ml/2 cucharadas de aceite de maní.

2 dientes de ajo machacados

225 g/8 oz de carne molida (molida).

1 cebolla, picada

50 g de castañas de agua picadas

50 g de brotes de bambú picados

15 ml/1 cucharada de salsa de soja

30 ml/2 cucharadas de vino de arroz o jerez seco

15 ml/1 cucharada de salsa de ostras

Calentar el aceite de oliva y sofreír los ajos hasta que estén ligeramente dorados. Agrega la carne y sofríe hasta que se dore por todos lados. Añade la cebolla, las castañas de agua y los brotes de bambú y sofríe durante 2 minutos. Agregue la salsa de soja y el vino o jerez, cubra y cocine a fuego lento durante 4 minutos.

Rollo De Carne

Servicios 4

350 g de carne molida (molida).

1 huevo batido

5ml/1 cucharadita de harina de maíz (almidón de maíz)

5 ml / 1 cucharadita de aceite de maní (nuez).

sal y pimienta recién molida

4 cebolletas (cebolletas), picadas

8 envoltorios de rollitos de primavera aceite para freír

Mezcla la carne, el huevo, la maicena, el aceite, la sal, la pimienta y el cebollino. Reservar durante 1 hora. Vierte la mezcla en cada rollito de primavera, dobla hacia abajo, dobla hacia los lados y luego enrolla las hojas sellando los bordes con un poco de agua. Calentar el aceite y freír los rollitos hasta que estén dorados y bien cocidos. Escurrir bien antes de servir.

Albóndigas de ternera y espinacas

Servicios 4

450 g/1 lb de carne molida (molida).

1 huevo

100 g de pan rallado

60ml/4 cucharadas de agua

15ml/1 cucharada de harina de maíz (almidón de maíz)

2,5 ml/¬Ω cucharadita de sal

15 ml/1 cucharada de vino de arroz o jerez seco

30 ml/2 cucharadas de aceite de maní.

45 ml/3 cucharadas de salsa de soja

120 ml/4 oz/¬Ω taza de caldo de res

350 g de espinacas picadas

Mezclar carne de res, huevo, pan rallado, agua, maicena, sal y vino o jerez. Formar bolitas del tamaño de una nuez. Calentar el aceite y sofreír las albóndigas hasta que estén doradas por todos lados. Retirar de la sartén y escurrir el exceso de aceite. Agrega la salsa de soja y el caldo a la sartén y devuelve las patatas. Llevar a ebullición, tapar y cocinar a fuego lento durante 30 minutos, volteando ocasionalmente. Cocine las espinacas en una sartén aparte hasta que estén suaves, luego mezcle con la carne y caliente.

Carne frita con tofu

Servicios 4

20 ml/4 cucharaditas de harina de maíz (almidón de maíz)

10 ml/2 cucharaditas de salsa de soja

10 ml/2 cucharaditas de vino de arroz o jerez seco

225 g/8 oz de carne molida (molida).

2,5 ml/¬Ω cucharadita de azúcar

30 ml/2 cucharadas de aceite de maní.

2,5 ml/¬Ω cucharadita de sal

1 diente de ajo, machacado

120 ml/4 oz/¬Ω taza de caldo de res

225 g de tofu, cortado en cubos

2 cebolletas (cebolletas), picadas

un poco de pimienta recién molida

Mezcla la mitad de la maicena, la mitad de la salsa de soja y la mitad del vino o jerez. Agregue a la carne y mezcle bien. Calentar el aceite y sofreír la sal y el ajo unos segundos. Agrega la carne y fríe hasta que esté dorada. Vierte el caldo y déjalo hervir. Agregue el tofu, cubra y cocine a fuego lento durante 2 minutos. Agregue el resto de la harina de maíz, la salsa de soja y el vino o jerez, agregue a la sartén y cocine a fuego lento, revolviendo, hasta que la salsa espese.

Cordero con espárragos

Servicios 4

350 gramos de espárragos

450 g/1 libra de magro de cordero

45ml/3 cucharadas de aceite de maní.

sal y pimienta recién molida

2 dientes de ajo machacados

250ml/8oz oz/1 taza de caldo

1 tomate, pelado y rebanado

15ml/1 cucharada de harina de maíz (almidón de maíz)

45ml/3 cucharadas de agua

15 ml/1 cucharada de salsa de soja

Cortar los espárragos en trozos diagonales y colocarlos en un bol. Vierta agua hirviendo encima y déjelo reposar durante 2 minutos, luego cuele. Cortar el cordero en rodajas finas a lo largo de la fibra. Calentar el aceite y sofreír el cordero hasta que esté ligeramente dorado. Agrega sal, pimienta y ajo y sofríe durante 5 minutos. Agrega los espárragos, el caldo y el tomate, deja hervir, tapa y cocina a fuego lento durante 2 minutos. Mezcle la maicena, el agua y la salsa de soja hasta formar una pasta, vierta en la sartén y cocine a fuego lento, revolviendo, hasta que la salsa se aclare y espese.

Cordero a la parrilla

Servicios 4

450 g magro de cordero cortado en tiras

120 ml/4 oz/¬Ω taza de salsa de soja

120 ml/4 oz/¬Ω taza de vino de arroz o jerez seco

1 diente de ajo, machacado

3 cebolletas (cebolletas), picadas

5ml/1 cucharadita de aceite de sésamo

sal y pimienta recién molida

Coloca el cordero en un bol. Mezclar el resto de ingredientes, verter el cordero y dejar marinar 1 hora. Ase (parrilla) sobre brasas hasta que el cordero esté cocido, rociando con salsa si es necesario.

Cordero con judías verdes

Servicios 4

450 g de judías verdes en juliana

45ml/3 cucharadas de aceite de maní.

450 g/1 libra de cordero magro, en rodajas finas

250ml/8oz oz/1 taza de caldo

5 ml/1 cucharadita de sal

2,5 ml/¬Ω cucharadita de pimienta recién molida

15ml/1 cucharada de harina de maíz (almidón de maíz)

5 ml/1 cucharadita de salsa de soja

75ml/5 cucharadas de agua

Blanquear los frijoles en agua hirviendo durante 3 minutos y luego escurrirlos bien. Calentar el aceite y sofreír la carne por todos lados hasta que esté ligeramente dorada. Agrega el caldo, lleva a ebullición, tapa y cocina a fuego lento durante 5 minutos. Agrega los frijoles, sal y pimienta, tapa y cocina a fuego lento durante 4 minutos, hasta que la carne esté cocida. Mezcle la harina de maíz, la salsa de soja y el agua hasta formar una pasta, agréguela a la sartén y cocine a fuego lento, revolviendo, hasta que la salsa se aclare y espese.

cordero guisado

Servicios 4

450 g de paleta de cordero deshuesada y cortada en cubos

15 ml/1 cucharada de aceite de maní (nuez).

4 cebolletas (cebolletas), cortadas en rodajas

10 ml/2 cucharaditas de raíz de jengibre rallada

200 ml/¬Ω pt/1¬° taza de caldo de pollo

30 ml/2 cucharadas de azúcar

30 ml/2 cucharadas de salsa de soja

15 ml/1 cucharada de salsa hoisin

15 ml/1 cucharada de vino de arroz o jerez seco

5ml/1 cucharadita de aceite de sésamo

Calentar el cordero en agua hirviendo durante 5 minutos y luego escurrir. Calentar el aceite y sofreír el cordero durante unos 5 minutos hasta que esté dorado. Retirar de la sartén y escurrir sobre papel de cocina. Retire todo menos 15 ml/1 cucharada de aceite de la sartén. Calentar el aceite y sofreír la cebolleta y el jengibre durante 2 minutos. Vuelva a colocar la carne en la sartén con los ingredientes restantes. Llevar a ebullición, tapar y cocinar a fuego lento durante 1 ½ hora hasta que la carne esté tierna.

Cordero con brócoli

Servicios 4

75 ml/5 cucharadas de aceite de maní (nuez).

1 diente de ajo, machacado

450 g de cordero cortado en tiras

450 g de floretes de brócoli

250ml/8oz oz/1 taza de caldo

5 ml/1 cucharadita de sal

2,5 ml/¬Ω cucharadita de pimienta recién molida

30 ml/2 cucharadas de harina de maíz (almidón de maíz)

75ml/5 cucharadas de agua

5 ml/1 cucharadita de salsa de soja

Calentar el aceite y sofreír los ajos y el cordero hasta que estén bien cocidos. Agregue el brócoli y el caldo, hierva, cubra y cocine a fuego lento durante unos 15 minutos hasta que el brócoli esté suave. Condimentar con sal y pimienta. Mezcle la maicena, el agua y la salsa de soja hasta formar una pasta, vierta en la sartén y cocine a fuego lento, revolviendo, hasta que la salsa se aclare y espese.

Cordero con castañas de agua

Servicios 4

350 g de cordero magro cortado en trozos

15 ml/1 cucharada de aceite de maní (nuez).

2 cebolletas (cebolletas), cortadas en rodajas

2 rodajas de raíz de jengibre, picadas

2 chiles rojos, picados

Vasos de agua 600 ml/1 pt/2 ¬Ω

100 g de nabo, cortado en cubos

1 zanahoria, cortada en cubitos

1 rama de canela

2 piezas de anís estrellado

2,5 ml/¬Ω cucharadita de azúcar

15 ml/1 cucharada de salsa de soja

15 ml/1 cucharada de vino de arroz o jerez seco

100 g de castañas de agua

15ml/1 cucharada de harina de maíz (almidón de maíz)

45ml/3 cucharadas de agua

Blanquear el cordero en agua hirviendo durante 2 minutos y luego escurrir. Calentar el aceite y sofreír la cebolleta, el jengibre y la guindilla durante 30 segundos. Añade el cordero y sofríe hasta que esté bien cubierto de especias. Agregue los ingredientes restantes excepto las castañas de agua, la maicena y el agua, hierva, cubra parcialmente y cocine a fuego lento durante aproximadamente 1 hora, hasta que el cordero esté tierno. Compruébalo de vez en cuando y completa con agua hirviendo si es necesario. Retire la canela y el anís estrellado, agregue las castañas de agua y cocine a fuego lento sin tapar durante unos 5 minutos. Mezcle harina de maíz y agua hasta formar una pasta y agregue un poco a la salsa. Cocine, revolviendo, hasta que la salsa espese.

Cordero con repollo

Servicios 4

45ml/3 cucharadas de aceite de maní.

450 g/1 libra de cordero, en rodajas finas

sal y pimienta negra recién molida

1 diente de ajo, machacado

450 g/1 libra de bok choy, picado

Reserva 120ml/4oz/¬Ω por taza

15ml/1 cucharada de harina de maíz (almidón de maíz)

15 ml/1 cucharada de salsa de soja

60ml/4 cucharadas de agua

Calentar el aceite de oliva y sofreír el cordero, la sal, la pimienta y el ajo hasta que esté dorado. Agrega el repollo y revuelve hasta que esté cubierto de aceite. Agrega el caldo, lleva a ebullición, tapa y cocina por 10 minutos. Mezcle la maicena, la salsa de soja y el agua hasta formar una pasta, vierta en la sartén y cocine a fuego lento, revolviendo, hasta que la salsa se aclare y espese.

Chow mein de cordero

Servicios 4

450 g de pasta de huevo

45ml/3 cucharadas de aceite de maní.

450 g/1 libra de cordero, en rodajas

1 cebolla, rebanada

1 corazón de apio, rebanado

100 gramos de champiñones

100 g de brotes de soja

20ml/2 cucharaditas de harina de maíz (almidón de maíz)

175ml/6oz/vaso de agua

sal y pimienta recién molida

Cocine los tallarines en agua hirviendo durante unos 8 minutos y luego escúrralos. Calentar el aceite y sofreír el cordero hasta que esté ligeramente dorado. Agregue la cebolla, el apio, los champiñones y los brotes de soja.

freír durante 5 minutos. Mezclar la harina de maíz con agua, verter en una olla y llevar a ebullición.

Cocine, revolviendo, hasta que la salsa espese. Vierta sobre la pasta y sirva inmediatamente.

Curry de Cordero

Servicios 4

30 ml/2 cucharadas de aceite de maní.

2 dientes de ajo machacados

1 rodaja de raíz de jengibre, picada

450 g/1 libra de cordero magro, cortado en cubitos

100 g de patatas cortadas en cubos

2 zanahorias, cortadas en cubitos

15 ml/1 cucharada de curry

250 ml/8 fl oz/1 taza de caldo de pollo

100 g de champiñones, en rodajas

1 pimiento verde, cortado en cubitos

50 g de castañas de agua, en rodajas

Calentar el aceite de oliva y sofreír el ajo y el jengibre hasta que estén ligeramente dorados. Agrega el cordero y sofríe durante 5 minutos. Agrega las patatas y las zanahorias y sofríe durante 3 minutos. Agrega el curry y sofríe durante 1 minuto. Agrega el caldo, lleva a ebullición, tapa y cocina a fuego lento durante unos 25 minutos. Agregue los champiñones, los pimientos y las castañas de agua y cocine a fuego lento durante 5 minutos. Si prefieres una salsa más espesa, cocina unos minutos para reducir la salsa o espesala con 15 ml/1 cucharada de maicena mezclada con un poco de agua.

cordero fragante

Servicios 4

30 ml/2 cucharadas de aceite de maní.

450 g/1 libra de cordero magro, cortado en cubitos

2 cebolletas (cebolletas), picadas

1 diente de ajo, machacado

1 rodaja de raíz de jengibre, picada

120 ml/4 oz/¬Ω taza de salsa de soja

15 ml/1 cucharada de vino de arroz o jerez seco

15 ml/1 cucharada de azúcar moreno

2,5 ml/¬Ω cucharadita de sal

pimienta recién molida

300 ml/¬Ω pt/1¬° vaso de agua

Calentar el aceite y sofreír el cordero hasta que esté ligeramente dorado. Agrega el cebollino, el ajo y el jengibre y sofríe durante 2 minutos. Agrega salsa de soja, vino o jerez, azúcar y sal, sazona con pimienta al gusto. Mezclar bien los ingredientes. Agregue agua, hierva, cubra y cocine a fuego lento durante 2 horas.

Dados de cordero a la parrilla

Servicios 4

120 ml/4 oz/½ taza de aceite de maní.

60 ml/4 cucharadas de vinagre de vino

2 dientes de ajo machacados

15 ml/1 cucharada de salsa de soja

5 ml/1 cucharadita de sal

2,5 ml/½ cucharadita de pimienta recién molida

2,5 ml/½ cucharadita de orégano

450 g/1 libra de cordero magro, cortado en cubitos

Mezclar todos los ingredientes, tapar y dejar marinar durante la noche. escurrir Coloque la carne en la parrilla y cocine a la parrilla durante unos 15 minutos, volteándola varias veces, hasta que el cordero esté suave y ligeramente dorado.

www.ingramcontent.com/pod-product-compliance
Lightning Source LLC
Chambersburg PA
CBHW071905110526
44591CB00011B/1550